「国家2011计划」出土文献与
中国古代文明研究协同创新中心成果

华夏人文历史

中国通史 壹

从中华先祖到春秋战国

「大字本」

总撰稿 ◎ 卜宪群

撰　稿 ◎ 赵春青（中华先祖——商代文明）

　　　　　邵　蓓（武王克商——诸子百家）

图书在版编目(CIP)数据

中国通史：大字本．1，从中华先祖到春秋战国 ／卜宪群总撰稿．—— 北京：华夏出版社；合肥：安徽教育出版社，2017.9(2023.3重印)
ISBN 978-7-5080-9242-3

Ⅰ．①中… Ⅱ．①卜… Ⅲ．①中国历史－古代 Ⅳ．① K20

中国版本图书馆 CIP 数据核字 (2017) 第 170909 号

中国通史（全五卷）

总 撰 稿	卜宪群
撰 　 稿	中国社会科学院历史研究所
责任编辑	杜晓宇　董秀娟　王　敏
营销编辑	刘　伟
责任印制	汪　军　周　然
出版发行	华夏出版社有限公司　安徽教育出版社
经　　销	新华书店
印　　装	三河市万龙印装有限公司
版　　次	2017年9月北京第1版　2023年3月北京第10次印刷
开　　本	710×1000　1/16
印　　张	127.75
字　　数	1400千字
定　　价	298.00元

华夏出版社有限公司　地址：北京市东直门外香河园北里4号　邮编：100028
网址：www.hxph.com.cn　电话：(010) 64663331（转）
若发现本版图书有印装质量问题，请与我社营销中心联系调换。

红陶人　新石器时代

勾云形玉饰　红山文化

夏禹王像

三星堆青铜跪像　商

孔子像

鹰形顶金冠　战国

《中国通史》顾问委员会

荣誉顾问：陈奎元

总 顾 问：王伟光

顾　　问：童　刚　黄浩涛　高　翔　晋保平　林甘泉　陈高华

　　　　　陈祖武　宋镇豪　童　超

《中国通史》编辑委员会

编辑委员会主任：曹　寅　卜宪群　贾　琪

编　　　　　委：马　援　王　镭　闫　坤　王震中　黄金山

　　　　　　　　鲍康健　潘　平　朱昌荣　李　健　郭　华

　　　　　　　　金　城　赵　良

让史学研究成果服务于人民群众

中国社会科学院院长、党组书记

王伟光

由中国社会科学院监制并撰稿的五卷本《中国通史》即将正式出版。这是我院向社会推出的一部坚持马克思主义历史观、弘扬马克思主义史学理论、传播历史知识的力作，也是我院史学工作者与全国史学、文博工作者贴近大众，共同合作，将史学研究成果以形象化、通俗化的方式介绍给社会的有益尝试。这里我以《中国通史》的创作与出版为契机，就史学研究应当如何解决为什么人的问题谈几点看法。

一

史学研究成果服务于人民群众是马克思主义史学应有的品格。中国传统史学历史悠久、根基深厚，在记录、传承与弘扬中华文化上做出了杰出贡献，但究其本质来说是以资政服务于统治阶级的统治需要、维护其统治的长治久安为目的的。因此，在服务于人民群众这一点上，传统史学因其历史的局限性，是不可能做到的。

以唯物史观为指导的马克思主义史学，无疑吸收并继承了传统史学的精华，但在历史观上与传统史学历史观又有着本质的区别。唯物史观从生产力决定生产关系、经济基础决定上层建筑的基本理论出发，在承认杰出历史人物历史贡献的同时，提出人民群众是历史的创造者，是历史的主体。肯定人民群众是历史的创造者，是马克思主义史学与旧的传统史学相区别的一个根本标准。历史观不同，研究的视角不同，决定了研究的目的不同。20世纪以来，特别是新中国建立以来，中国马克思主义史学工作者秉持这一理论，不仅重新解释了中国历史的发展形态、发展阶段和发展道路等重大问题，而且开辟了史学研究的许多新领域，深化了对许多具体问题的认识，这些都是传统史学无法达到的。但这些优秀成果，许多还仅仅局限于在专业研究者内部传播，局限于在专业性非常强的刊物上刊登，普通大众既难以读懂，也难以读到，这对于广大历史研究爱好者和普通大众都是一件非常遗憾的事情。马克思主义史学的本质目的在于服务人民大众，为人民做学问是马克思主义史学的宗旨，其研究成果，应当走进人民群众，深入人民群众，为人民群众所喜闻乐见，起到教育群众、启发群众、动员群众的作用。老一辈史学家郭沫若、范文澜、翦伯赞、吴晗、白寿彝等人，都重视历史普及，写了不少历史普及读物，影响很大，是我们学习的榜样。

今天，我们的史学研究的条件更好了，成果更丰富了，传播方式也更多样了，历史研究与人民群众的关系也应该更密切。许多史学工作者也都在感慨史学大众传播环节的缺失，呼吁加强历史普及工作，这是对我们史学研究宗旨回归的反映。《中国通史》以中国社会科学院历史研究所为主，凝聚了全国众多的史学与文博工作者的智慧，它将史学最新研究成果以贴近人民群众、满足人民群众需要的方式展示出来，是一次成功的探索与实践。

二

史学研究成果要真正能够服务于人民群众，必须在正确的历史观引导下，将科学的历史知识传播给大众。坚决反对错误的历史观，杜绝人为杜撰的虚假历史。当前，以历史事件、历史过程、历史人物为题材的作品在图书出版中占据十分重要的地位，推动并形成了全民上下的"历史热"。从总体上来看，这些作品为传播与弘扬中华民族优秀传统文化做出了重要贡献，也是社会大众获取历史知识、认识历史过程的一条重要渠道。但无疑也存在着一些问题，归纳起来主要有以下几个方面：

宣扬错误的历史观。某些历史题材作品竭力淡化阶级分析方法，淡化马克思主义关于生产力与生产关系、经济基础与上层建筑的矛盾运动是推动人类社会历史前进动力的观点，从而使历史发展的动力观、阶级观、社会形态观等许多牵涉唯物史观的重大基本理论问题受到挑战。某些作品淡化主流意识形态，在这些作品中，封建主义沉渣泛起，资本主义价值观得到弘扬，客观上形成了与当前建设社会主义先进文化的冲突。某些作品肆意曲解中国历史的发展道路，某些作品不顾历史背景、历史事实，颠倒是非，甚至盲目宣传某些在历史上曾经对中国犯有侵略行为的历史人物等。

盲目拔高统治阶级人物。某些历史题材作品任意拔高某些统治阶级人物，如把历史上某些曾经有过积极作用的帝王、有为人物的行为上升到代表广大人民利益的高度；夸大个别封建帝王、人物的人格魅力；把当代处理民族关系、社会关系的原则安放在封建政治家的身上；把封建史学家歌颂的所谓"盛世"，即历史上某些社会相对稳定的时期夸大为"国泰民安""社会和谐"，甚至用一些热辣的词语，如"你燃烧自己，温暖大地"，"愿烟火人间，安得太平美满"等来歌颂封建帝王将相。相反，对帝王将相的腐朽性、反动性、落后性、剥削性和阶级局限性则避而不谈。

肆意虚构、解构历史。撇开某些标明"戏说""虚构"的历史题材作品不论，很多以历史"正剧"形象出现的作品，为了迎合某些观众的心理，置有明确史实记载的历史发展线索、历史人物活动于不顾，任凭主观意志剪裁、编造，从而导致历史题材作品所展示的历史环境、人物关系或过于片面，或与历史事实严重不符。

热衷权谋宣传。某些作品大加渲染封建帝王的"统治经"、封建官僚的"做官经"等尔虞我诈、不择手段的权谋权术，忽视对中华传统文化中美好、和谐、智慧思想的歌颂，忽视人民群众在推动历史前进中的贡献；热衷于帝王将相题材的选择，忽视对历史上劳动人民中间的英雄人物、爱国的民族英雄的历史再现，忽视对思想家、科学家，特别是中下层劳动人民的形象展示；热衷于表现情爱的床戏场面，竭力宣扬色情，忽视对人物品质的歌颂与揭露。

宣扬封建迷信思想。不少历史题材作品，接受或部分接受唯心主义历史观的情况并不罕见。历史循环论、天人感应论、宿命论、因果报应论等在不少作品中都不同程度存在，有的甚至很严重。

传递虚、假、错、伪的历史知识。有的作品将不同时期的历史人物错乱安排，出现"关公战秦琼"式的笑话；有的作品不顾不同时期的政治、经济、法律、职官、行政、文化、礼仪、风俗等制度的重大差别，只凭作者的主观想象或作者本人的知识结构而任意张冠李戴；有的作品在语言使用上现代化，错字、错语、错音情况比较严重；有的作品对有明确记载的历史过程进行无原则的篡改，对某些没有明确历史记载的地方又进行不负责任的虚构，等等。这些情况在社会上产生了十分不良的影响。

《中国通史》是一部以唯物史观为指导，以中国古代历史发生、发展过程为线索的历史学作品，上自中国境内远古人类的起源，下迄清王朝灭亡，以统一多民族国家形成与发展的历程、历代治乱兴衰的历史经验与教训、中华文明的灿烂辉煌为三条主线，以丰富的历史资料为基础，充分吸收当代考古学和历史学研究的最新成果，以时代演进纵向贯通，以问题分析横向展开，以宏阔的视野回顾中国古代历史的发展道路，展示中华文明的灿烂与辉煌。这部作品的作者是各研究领域中的专家，他们以科学严谨的态度，全景式地展示出中国历史的发展历程，保证了基本历史知识的真实性。可以说，这是一部由史学专家撰写的大众化的通史，它对广大读者接受科学的历史知识、纠正当前历史题材作品中存在的各种弊端很有帮助。

三

史学研究成果贴近并服务于人民群众，还需要在多种形式上下功夫，不应只限于厚重的史学专著。过去吴晗同志主编的"中国历史小丛书"汇集了一批著名学者，用通俗的语言和清新的文风，将严谨的学术成果转化为大众读物，在社会上产生了广泛影响，普及了几代人的历史知识。今天我们的传播手段更加丰富，表现形式更加多样，我们史学工作者应当重视并利用这些传播手段和形式，用科学的历史知识占领这些先进的传播高地，将胡编乱造、充满错误历史观的伪史学、假史学赶出大众图书市场。《中国通史》在这方面做了有益尝试，它较好地处理了以下几个方面的关系：

第一，**历史观与学术性的关系**。本书坚持以辩证唯物主义和历史唯物主义的理论与方法来观察和分析中国历史，广泛吸收一切对中国历史有深入研究的学者的观点，客观对待有学术争议的问题，既反对历史虚无主义、历史复古主义，又注重防止唯我独尊的民族意识，体现出严谨的学术态度。

第二，**大众化与科学性的关系**。大众化、通俗化不是要放弃科学性。本书文字通俗易懂，简单明了，充分考虑到了受众的接受程度。把所要阐述和思考的历史问题，通过大众化的方式表述出来。从人物、事件的细节入手，引发大众对历史变迁的看法；从问题意识入手，从当代人对历史的关注点入手，引导大众做出正确的历史判断。全书不空论，不戏说，不虚论，不妄言，论从史出，在尊重历史事实的基础上，力求能够被最广大的读者接受。

第三，**通与专、点与面的关系**。全书既有中国通史的贯通意识，又有各章节突出的问题意识。所谓贯通意识是使读者在看完本书后，对中国历史纵向过程有基本了解；所谓问题意识是抓住了各时段最为重要的历史问题，从问题引入，使读者对中国历史的横向深入有充分了解。全书既有对中国历史的宏观思考，又有各章节的微观深入；既有近距离的放大，又有远距离的透视，从而把牵涉到整个中国史的大问题，统筹合理地安排开来。

此外，本书尽可能利用了历史遗迹、遗存，尽可能避免了复杂的、大段的过程描述，把复杂的问题通过自己的语言通俗明了地表现出来，情节感、节奏感强，抓住了主要问题，舍弃了不必要的枝节，使读者在阅读欣赏中潜移默化地接受了历史知识。

总之，全书站在21世纪的历史高度来把握、透视与思考我们民族所走过的历程，同时把中国历史放到世界史的大背景下考察，通过与不同国家和民族历史的比较，勾画出中国历史发展的特色。本书能够帮助读者从历代治乱兴衰的经验教训中，从统一的多民族国家所创造的辉煌文明中，科学地认识中国历史发展的独特道路。

历史为鉴 光影为媒

国家新闻出版广电总局党组成员、副局长
童　刚

由电影频道节目中心出品、中国社会科学院监制、中国社会科学院历史研究所组织撰稿，国内优秀纪录片创作团队精心摄制的百集纪录片《中国通史》将于近日正式播出，以电视片解说词原稿为基础编成的五卷本《中国通史》，也将由华夏出版社与安徽教育出版社联合出版。这是中国学术机构专业史学工作者与出版影视工作者通力合作推出的集科学性、观赏性、可读性为一体的作品，是在时代召唤下应运而生的历史文化精品。

中国是世界上唯一一个拥有不间断历史记录的文明古国，也是一个推崇国学研究、注重历史教育，主张"以史为鉴，可以知兴替"的国家。2013年6月25日，中共中央总书记、国家主席习近平同志在主持"中国特色社会主义理论和实践"第七次集体学习时指出："学习党史、国史，是坚持和发展中国特色社会主义、把党和国家各项事业继续推向前进的必修课。这门功课不仅必修，而且必须修好。要继续加强对党史、国史的学习，在对历史的深入思考中做好现实工作、更好走向未来，不断交出坚持和发展中国特色社会主义的合格答卷。"习近平总书记对于历史学习和研究的多次指示，体现了党和国家领导人尊重历史、坚定信念、辨析荣辱、知行合一的高瞻远瞩与真知灼见。

如何让中国的亿万民众，特别是广大共产党员和领导干部们更好地读历史、懂历史，汲取中国历史当中的宝贵营养，把握中华民族伟大复兴的历史机遇，是国家新闻出版广电机构和国家级电视媒体所应承担的历史使命和文化担当。在这一时代背景之下，全国一流历史学者与出版影视工作者合力打造出了一部规模宏大、观点鲜明、论述严谨、丰富生动的百集电视纪录片《中国通史》和五卷本《中国通史》，这不但具有积极的现实意义，也将会在史学普及和传播方面产生深远影响。

《中国通史》之所以具有重要的价值，首先在于它集结了中国最顶尖的历史学家，组建起一支历史研究的"国家队"，为作品的创作付出了丰博的学识与全部的心血。《中国通史》由中国社会科学院历史研究所组织撰稿，并邀请了国内多家重点大学、专业机构的历史研究人员共同参与创作。如此强大的学术顾问团队与创作阵容，确保该作品展现出了有关中国历史最具权威性和前沿性的学术成果。

其次，《中国通史》的推出是专业史学工作者和影视传媒工作者对于"历史热"的一次集体回应。在史学通俗作品成为广大受众，尤其是青少年读者追逐的流行读物时，正确引导广大青少年阅读史学作品，专业史学工作者责无旁贷。这部作品的作者是各研究领域中的专家，他们以科学严谨的态度，保证了基本历史知识的真实性；同时，出版影视工作者以引人入胜的视觉艺术方式，增添了历史表述的观赏性。学术内容和形象艺术和谐地结合为一体，准确而灵动地再现了中国人自己对历史的重大关切，表现出中国叙事、自主叙事的突出特色。

从《中国通史》的百集架构来看，这部作品涵盖了中国自远古至近代以来的重大历史事件、杰出历史人物和伟大文明成就，以全景式的视野和宏大的叙事方式，描绘出中国源远流长、波澜壮阔的历史诗篇。本书以统一多民族国家的形成和发展、历代兴衰的经验和教训、中华文明的灿烂和辉煌为三条主线，以历史唯物主义的理论与方法为分析手段，使受众能够从全方位、多视角获得中国古代历史的基本知识，能够从历代王朝兴衰的历史经验和教训中，从统一多民族国家的形成、发展及其所创造的文明中，科学地认识到中国历史发展的独特进程和人民创造历史的正确选择，深入地领悟到我们今天坚持走中国特色社会主义道路的历史必然性，增强实现民族复兴的中国梦的使命感和责任感。

《中国通史》强调的是中国作为统一多民族国家形成和发展的历史脉络。从中华文明起源时代到夏、商、周的古史遗迹，从秦汉一统的雄风到魏晋南北朝时期的乱世，从隋唐的盛世图景到两宋的繁华气象，从元代的文化融合到明清的兴亡巨变，《中国通史》用流畅的史笔勾勒出中国主要朝代的变迁历程。与此同时，创作者们还用一定的篇章，展现了吐蕃、南诏、辽、西夏、金等由少数民族建立的地方政权及其历史成就。《中国通史》一改传统史书中"汉族正统"的论调，明确指出建立政权的各少数民族与汉族一起构建和丰富着中华文明，肯定他们在统一多民族国家的形成与发展过程中所做出的积极贡献。

《中国通史》的第二条创作主线，是总结中国历代王朝兴衰的历史经验和教训，堪称是一部当代影像版的《资治通鉴》。通过对历朝历代行政体制和治理经验教训的总结，将中国古代行政制度的变迁与得失清晰地梳理出来，展现了传统治国理念和政治智慧的精髓，对于当代中国执政党的施政方略，具有一定的启发和警示价值。

除了"资治"作用之外，《中国通史》还展现了中华民族悠久而灿烂的文明发展史。从三皇五帝的古史传说到战国时代的百家争鸣，从两汉经学、魏晋风度、唐诗宋词、程朱理学、陆王心学到明清小说，从丝绸之路的开辟到日本遣唐使来华访学，从马可·波罗游历中国到郑和七次下西洋，详尽地介绍了古代中国在哲学、文学、艺术、科技、商贸、外交等各个领域取得的辉煌成就。《中国通史》的创作者们通过鲜明的事例告诉我们：只有国家的开放、政治的清明、文化的自信、社会的包容与民族的交融，才能培育出万古长青的文明之花。

综上所述，百集纪录片《中国通史》和五卷本《中国通史》，以马克思主义唯物史观为理论指导，在丰厚的史料基础之上，以时代演进纵向贯通，问题分析横向展开，站在今天的高度来把握、剖析和思考中华民族走过的辉煌历程。中国历史学家和出版影视工作者推出了一部具有文献价值和教育意义的国史纪录片经典，也推出了一部满足人民群众需求的、在精深研究基础上具有普及意义的《中国通史》读本，更以实际行动响应了习近平总书记发出的号召，自觉修好党史、国史必修课。在浩荡的时间长河中，珍藏历史的启示，铭记历史的回声，更加自信地创造属于自己的、更为辉煌的未来。

探寻历史　走向未来

国家新闻出版广电总局电影卫星频道节目制作中心主任
曹　寅

实现中华民族伟大复兴，是中华民族最伟大的梦想。今天，我们比历史上任何时期都更接近这个目标，也更有信心、更有能力实现这个目标。历史是前人留下的"百科全书"，是先辈知识、经验和智慧的总汇，人们总是在继承前人的基础上成长进步的。这也意味着，在我们国家和民族发展的这个关键时期，我们特别需要看清中华民族所走过的漫长的历史道路，比以往任何时期都需要更多地了解、更深刻地懂得中国的历史，以此获取国家和民族发展的精神动力。

研究和总结历史，思考和探索未来，是改革开放三十多年来广大历史工作者一直在努力进行的工作。在这几十年间，通过他们深入细致的研究、辛勤不懈的开拓，中国历史的各个领域都取得了丰硕成果，并且在富有激情的探讨和争鸣中不断得到发展。同时，学习历史、探寻历史也成为整个社会的关注点所在，成为广大影视、传媒工作者热爱和深入开掘的事业，许多历史类影视节目办得风生水起。这是百集大型纪录片《中国通史》和同步出版的五卷本《中国通史》得以推出的深厚基础。

百集大型纪录片《中国通史》和五卷本《中国通史》由中央

电视台电影频道节目制作中心与中国社会科学院历史研究所合作完成。由影视媒体与史学界共同完成大型影像和文字载体的历史题材作品，在国际上已有成功先例，从国内来说，中央电视台电影频道节目制作中心与中国社会科学院世界历史研究所共同推出了百集大型纪录片《世界历史》及"话说世界历史"丛书，这次合作也为百集大型纪录片《中国通史》和五卷本《中国通史》提供了经验和借鉴。

《中国通史》是中国影视媒体与史学界的最新合作成果，在历时数载的创作、拍摄过程中，中央电视台电影频道的影视工作者与中国社会科学院的学者为了一个共同的目标和理想走到一起，祖国的东西南北各地都留下了他们不倦的身影。同时，邀请国内多所大学、专业机构的研究人员共同参与创作，访问了众多博物馆和文化遗址。他们相互配合，疑义与析，共同成长，为我们带来了这部沉甸甸的作品。

《中国通史》围绕三条主线展开，即历代治乱兴衰的经验教训、统一多民族国家形成的历史进程和中华民族文化的灿烂辉煌，展现了从中华文明的起源直至晚清五千多年的历史长卷，在丰富的史料基础上，充分吸收当代学术研究的最新成果，以丰富的视听手段再现中华文明浩瀚的历史图景。翻开这套五卷本《中国通史》，或是观看纪录片《中国通史》，我们会发现，它不是历史教科书式的读本，而是一部体例内容新颖的历史作品：细节更丰富，视野更开阔，更有启示性，更具新传媒特点，通过新视角、新方式，重新敲开历史之门，探寻不一样的风景。

中国历史是世界历史的重要组成部分，中国自古以来就同许多国家和地区发生着各种各样的联系。《中国通史》的一部分内容，是与世界历史分不开的。从这个意义上说，百集《中国通史》纪录片及五卷本《中国通史》可以说是《世界历史》及"话说世界历史"丛书的姊妹篇，它们将共同构筑起一座通向历史的文明长廊。

希望读者能和我们一道，在阅读、观影与思考的过程中共享这种体验：中华民族的昨天"雄关漫道真如铁"，中华民族的今天"人间正道是沧桑"，中华民族的明天则"长风破浪会有时"。历史上的艰辛不仅仅是曾经的艰辛，历史上的辉煌也不仅仅是曾经的辉煌，回顾民族的昨天，是为了更好地展示民族的今天，展望民族的明天。探寻历史，正是为了更好地走向未来。

影像版的中国历史全书

国家新闻出版广电总局电影卫星频道节目制作中心党委书记
贾 琪

百集大型纪录片《中国通史》终于制作完成,即将与观众见面;以该片解说词为基础创作的五卷本《中国通史》也将同期出版。值此之际,百感交集。

《中国通史》是继百集纪录片《世界历史》之后的又一创作实践。《中国通史》采用实景拍摄、情景再现、学者访谈等多种形式,同时结合高清影像和三维特技,既宏观展现了中华民族从文明起源至封建帝制终结数千年波澜壮阔的历史,又生动再现了无数精彩纷呈的历史现场,展示了许许多多难得一见的珍贵文物,堪称一部影像版的中国历史全书和通俗易懂的读本。

《中国通史》制作团队由一流的专业史学工作者和优秀的影视工作者组成。他们踏遍祖国的大江南北,经历无数次论证、修改和补充,终于不辱使命,完成了这一巨制。

改革开放近四十年,中国的变化举世瞩目;实现中华民族伟大复兴的中国梦成为全体中国人民的共同追求;走中国道路、弘扬中国精神、凝聚中国力量成为当代中国的时代主旋律。欲知大道,必先为史;以史为鉴,可以知兴替。习近平主席说:"了解中国的历史,才能体会中国人民对中国梦的渴求。"从这个时代意义上讲,《中国通史》可谓应运而生。

百集《中国通史》的创作,得益于中国社会科学院历史研究所的通力合作,也得到全国各地高校、研究机构和文博部门的热情襄助,在此一并致谢。

此时此刻,我们衷心期待社会各界的广大观众和读者对于影片和图书内容可能出现的疏漏和不足之处给予批评指正,我们将在日后认真采纳各方的意见和建议,同时吸纳中国历史研究的最新成果,对作品进行修订和完善。

《中国通史》总目

第一卷《从中华先祖到春秋战国》

第二卷《秦汉魏晋南北朝》

第三卷《隋唐五代两宋》

第四卷《辽西夏金元》

第五卷《明清》

第一卷 《从中华先祖到春秋战国》

1	中华先祖
21	农业起源
37	文明起源
53	邦国时代
71	古史传说
91	夏王朝觅踪
109	殷商兴亡
129	商代文明

151	武王克商	
167	周公摄政	
183	周王室的衰落	
197	春秋争霸	
217	孔子	
237	列国变法	
253	战国七雄	
275	诸子百家	
293	夏商周纪年表	

中华先祖

北京猿人

人，是万物之灵，可是，这万物之灵又是从哪里来的？

在科学尚未昌明的时代，基督教的《圣经》中说，上帝按照自己的"形象和模样"用泥土捏成一个男人，叫作亚当；又从亚当身上取出一根肋骨造了一个女人，叫作夏娃。这两个人就是人类的始祖。中国则广泛流传着女娲造人的神奇传说。直到19世纪中期，英国生物学家达尔文发表《物种起源》，提出物种是由简单到复杂、从低级到高级逐渐进化的理论后，对人类起源的探索才开始踏上科学研究的康庄大道。

如今，上帝造人的观点早已过时。不过，人类究竟是怎样起源的？科学界迄今仍存在着一元论和多元论的激烈争论。前者认为非洲是人类的唯一起源地，后者主张包括中国在内的亚洲南部也是人类的摇篮之一。20世纪80年代以来，根据分子生物学的最新研究，又有人提出世界上所有的现代人皆来源于二十万年前的一位非洲妇女！她的后代大约在十三万年前走出了非洲，并陆续迁徙到了欧洲、亚洲，取代了当地的古人类。这一理论假说被学术界戏称为"夏娃理论"。按照这一理论，当今中国人的直系祖先不是数十万年前的"北京猿人"，而是非洲人！

事实真的是这样的吗？中国人的祖先究竟是谁？他们到底来自哪里呢？

周口店遗址。周口店遗址位于北京西南四十八公里的龙骨山上。在远古时代，这里背山面水，森林密布，居住在此，既可采集林中的植物果实和根茎充饥，也可上山打猎，是适宜人类居住的风水宝地。

周口店遗址

1921年8月的一天，被中国政府聘为矿政顾问的瑞典地质学家、考古学家安特生等人在当地老乡的带领下，来到龙骨山下。安特生站在龙骨山一堵峭壁前，看到眼前的一条裂隙里填满了石灰岩块、沙土、动物化石和显然是因某种原因搬运而来的石英，激动地敲着岩壁说："我有一种预感，我们祖先的遗骸就躺在这里，现在唯一的问题就是要找到它。"

从1927年3月开始，考古学家在周口店进行了系统的考古发掘。初战告捷，他们在这里发现了人牙化石，解剖学家将其定名为"中国猿人北京种"，或"北京中国猿人"。不过更重要的发现还在后面。1929年12月2日下午4时许，龙骨山考古工地上寒冷的北风似乎吹得更加猛烈了，在十二米深的洞穴里劳动了一天的考古工作者正准备收工。这时，在洞底秉烛发掘的工地负责人裴文中突然兴奋地大叫起来："这是什么？是人头？"

驰名中外的北京猿人第一个头盖骨就这样被发现了！年仅二十五岁的裴文中日后则成长为蜚声中外的史前考古学家。

周口店龙骨山共有五个有人类活动的洞穴，其中，以裴文中发现第一个头盖骨的第一地点最为壮观。该洞在距今一百万年前已具雏形，它东西长一百四十米，中部宽达二十米，已发掘五十米深尚未到底，含文化遗物的堆积厚度为三十至四十米，分为十三层，历时数十万年。

北京猿人时期，龙骨山附近的地理环境与现在差别不大。北面是重叠的高山，西南面为矮丘，东南方是宽阔的草原，东边有河流。北京人靠采集和狩猎生存。采集对象是植物的果实和根茎，如被烧过的朴树籽；狩猎对象主要是鹿类，也捕鱼，可能也吃大型食肉动物留下的残肉。

周口店遗址动物群里既有喜冷的动物，如狼獾、洞熊、披毛犀、安氏鸵鸟等；也有喜热的动物，如竹鼠、水牛、水獭等。可见，在北京人存在的数十万年间，气候和自然环境曾经发生了多次冷暖干湿的变化。

北京猿人及其文化的发现,把中国人的历史向前推进到距今七十万至二十万年之间,以事实回击了中国没有石器时代的假说。周口店遗址先后共发现了四十多个个体的人类化石,为研究直立人的体质特征提供了珍贵资料。北京猿人的牙齿粗大,呈铲形,这是蒙古人种的一大特点。头骨粗硕厚重,眉脊突出,平均脑量为一千零八十八毫升。鼻梁较塌,前吻突出,下颌后收,肢骨比现代人粗壮。男性身高为一百五十六厘米,女性为一百四十四厘米。上、下肢骨已经十分接近现代人,但其头骨则带有很多原始特征。这种情况说明,在人类演化的过程中,首先确立了直立行走的特征,手从原来的支撑作用中解放出来,因而可以制作和使用工具进行劳动。而人脑则是在直立行走的基础上,经过长期的劳动实践逐渐发展的,这证明了恩格斯关于劳动创造人类的理论。

北京猿人已经学会在石核上打击石片,打击方法至少有锤击法、砸击法和碰砧法,再把石片修整成较精致的刮削器、尖状器、雕刻器、砍斫器和石球等。此外,考古学家还在一些鹿角上发现了砍砸、切凿的痕迹,这表明北京人也会制作骨器。

北京周口店遗址多处发现了人类用火的痕迹,洞穴堆积中发现了大量被火烧过的灰烬层,最厚处达一米而且集中分布,说明当时的人们已经学会了用火和管理火,从而把人类用火的历史提前了数十万年。

周口店猿人遗址的发现,使这个默默无闻的小山坡变成了驰名中外的古人类研究圣地。

令人遗憾的是，轰轰烈烈的北京猿人遗址考古工作因1937年卢沟桥事变而被迫中止，1927—1937年十年间发掘出的大量珍贵材料，也在1941年12月爆发的太平洋战争中下落不明，给古人类学研究造成了无法挽回的巨大损失。

蓝田人与元谋人。在北京人被发现之后三十年的时间里，北京人和早前发现的印尼爪哇人一直被当作世界上年代最久远的古人类代表。不过，中国的考古学家对此却保持着清醒的头脑，贾兰坡就是其中的代表。

贾兰坡是一位自学成才的考古学家，他一生著作等身，荣膺中国科学院院士、美国国家科学院外籍院士和第三世界科学院院士。

在周口店遗址发掘初期，他只是考古工地雇用的一名记账员，记账之余，这位勤奋好学的年轻人，常常把古动物骨块揣在衣兜里反复熟记其特征并背诵其英文、希腊文和拉丁文的名字，刻苦自学古人类学知识。1935—1937年，因裴文中赴法国深造，贾兰坡接替裴文中主持周口店的发掘工作。1936年11月，在他的主持下，周口店遗址又新发现了三个北京猿人头盖骨和其他丰富的人类、哺乳动物化石，以及人工石制品和用火遗物、遗迹，周口店再次轰动了全世界。这位考古工地的记账员，因在周口店遗址的重大发现而在国际古人类学界崭露头角。

然而，贾兰坡并不认为给自己带来声誉的北京猿人就是世界上最早的人类。他于1957年发表《泥河湾期的地层才是最早人类的脚踏地》一文，指出肯定有比北京猿人更原始的人及其文化存在。

就在贾兰坡发表那篇文章的同一年，在山西芮城县风陵渡镇

蓝田人

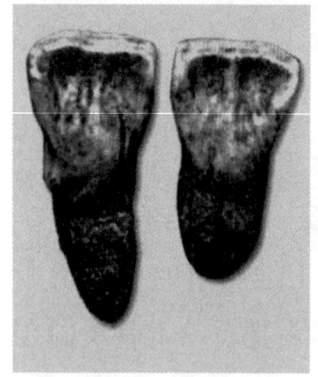

元谋人牙齿

元谋人使用的简单工具

匼河村发现了几处旧石器地点，其中，经1961—1962年发掘的西侯度遗址出土的工具比北京猿人还要原始，其打制技术比较古拙。石制品类型有石核、石片、砍砸器、刮削器、三棱尖状器等，与打制石器共出的有二十二种哺乳动物，其中，灭绝种占100%。文化层中还发现了一些烧骨，有可能是人类用火的证据，也不排除是森林野火所致。西侯度遗址的年代距今一百八十多万年，远远早于北京猿人。

1965年，在陕西蓝田县公王岭遗址发掘出一件直立人头骨化石，即蓝田人，其年代距今一百一十五万年左右，要早于北京猿人。公王岭人的头骨骨壁极厚，脑量小，仅七百八十毫升，左右眉嵴相连，牙齿硕大，这些特征均比北京猿人更加原始。

1965年，在云南元谋县东南约五公里的上那蚌村附近发现了两颗距今约一百七十万年的直立人牙齿，该化石人类被命名为元谋人。

1973年冬，考古学家在元谋人化石出土地点及其附近进行了大规模发掘，出土了打制石器、哺乳动物化石和炭屑等。

元谋人的两颗牙齿粗大，呈铲形，带有明显的原始特征。在发现元谋人化石的地层中出土的石制品只有三件，均为刮削器，采用锤击法打制石片，形体不大。哺乳动物化石既有第三纪的残余，也有早更新世的代表和南方大熊猫—剑齿象动物群的成员，反映的生态环境是较为温暖的森林—草原类型。元谋人的年代，经古地磁测定，为距今一百七十万年左右，也有人认为是七十万至五十万年左右。

据古人类学家研究，人类的发展历程大致可以划分为南方古猿——能人——直立人——早期智人——晚期智人几个前后相继的阶段。迄今为止，我国尚未发现南方古猿和能人阶段的人类化石，已经发现的北京人、元谋人、巫山人等均属于直立人阶段。

元谋人使用工具复原图

早期智人。中国比直立人要晚的早期智人的年代大约距今二十万至十万年之间,大致相当于旧石器时代中期。那么,这些比直立人要晚的早期智人在哪里呢?这些早期智人与直立人相比都发生了哪些变化呢?

中国发现的第一批早期智人化石是"丁村人"。丁村遗址位于山西省襄汾县城南五公里的汾河岸边,是我国旧石器时代中期文化的代表。

丁村遗址发现于1953年,1954年组成了由贾兰坡任队长的发掘队,进行了较大规模的调查和发掘。丁村遗址出土的石制品比北京人先进、丰富得多。石器种类分为石核、大石片、砍砸器、似"手斧"石器、石球、单边形器、多边形器、鹤嘴形尖状器、小尖状器和刮削器,石器中以三棱尖状器为代表,称为"丁村尖状器"。这种大型石器后来被概括成中国华北两大旧石器系统之一的典型代表。

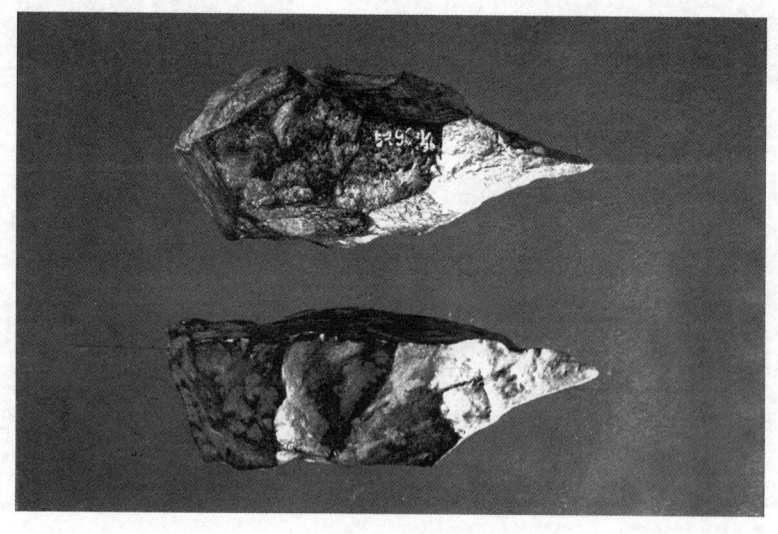

丁村尖状石器

丁村遗址发现了三颗人类牙齿化石，都属于一个十二三岁的少年，门齿成铲形，咀嚼面上的花纹比北京人简单，比现代人复杂，两颗门齿都远比北京人细小，比现代人略短，与欧洲的尼安德特人相当。

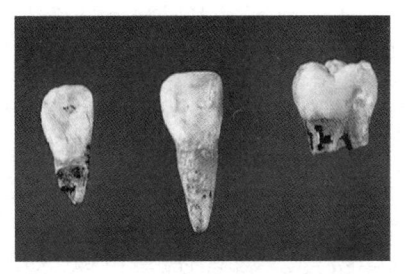

丁村人牙齿化石

丁村遗址出土的动物化石种类有河狸、鼠、熊、野驴、野马、水牛、羚羊等，反映出丁村人生活的时代，他们周围是一种以草原为主的，从温暖转向干凉的自然环境。

除了丁村人外，同属于早期智人的还有许家窑人、金牛山人、大荔人、长阳人、马坝人等。

与直立人相比，早期智人有以下特点：

在体质上有了很大的进步，其体质形态与现代人接近，脑量也已达到现代人的水平，平均脑量已接近一千四百毫升，结构也更加复杂。头骨壁变薄了，但是，仍保留着一些原始特征，处于从直立人向晚期智人的进化链上。

石器类型增多了，不同种类的石器其功能划分越来越细，用石球制作的"飞石索"成为一种重要的狩猎工具。

对火的控制能力提高了，不仅知道使用火和管理火，而且已经懂得人工取火。

人口也在显著增加，在不到十公里的汾河两岸，发现了近二十处丁村文化遗址，说明当时的人口比较稠密。

总的来看，进入早期智人阶段的人们，在体质发育、技术水平、人口发展等方面都超过了直立人，正在朝下一个阶段——晚期智人阶段迈进。

山顶洞——晚期智人。 继早期智人之后的晚期智人是人类发展的最后阶段，大约距今四万年前，相当于旧石器时代晚期。这一阶段，各地因受自然环境的影响，形成了不同的人种。

我国晚期智人的发现要追溯到1930年，亦即发现北京猿人第一个头盖骨的第二年。当时，裴文中为了查明北京猿人遗址的南部边界，在清理山顶的浮土时，意外地发现了一个被浮土掩盖着的小洞口，取名山顶洞，1933年、1934年对其进行了系统发掘。山顶洞洞穴分洞口、上室、下室和下窨四部分，出土了包括三个完整头骨在内的至少八个个体的人骨、大批异常完整的哺乳动物化石及文化遗物。其中，最引人注目的是带有钻孔的砾石、介壳以及动物的头骨和牙齿。

山顶洞发现的人类骨骼，至少有八个男女老幼不同个体，其中三个完整的头骨是在下室发现的。其共同特征是头骨都比较长，也都比较高，脑量增大，已达一千三百至一千五百毫升；脑壳变薄，牙齿细小，眼眶都不高，看起来比较扁。根据这一特征可以推断，这三个头骨的主人应该属于同一个种族，他们与现在生活在华北的黄种人有着基本的共同点，可把他们视为早期的黄种人。

山顶洞人的寿命比北京人长，死亡率比北京人低，也较早期智人低，山顶洞人死于六十岁的占14%，而北京人死于五十至六十岁的仅占2.6%，这说明人类的寿命延长了。

根据大腿骨长度推算，山顶洞人男性的身高接近一百七十四厘米，女性的身高约为一百五十九厘米，与中国现代北方人相仿，比北京人高。

山顶洞人的文化遗物有石器、骨角器和各种装饰品。石器只有二十五件，石料选自附近的河滩，打制石片采用锤击法和砸击法，石器只有刮削器和砍斫器两种，引人注目的是考古学家在这里发现了穿孔小砾石和穿孔石珠。

比石器更能代表山顶洞人技术水平的是骨角器与装饰品，骨角器如骨针、赤鹿角等；装饰品很多，有钻孔的小砾石、石珠，穿孔的海蚶壳、兽牙、鱼骨，以及刻道的骨管等一百多件。

与早期智人相比，山顶洞人的技术水平显著提高，显然已经掌握了钻孔的技术，包括单面直钻和对钻，刮挖技术也很发达。

现代人起源——"单一地区起源说"与"多地区起源说"。人类起源和现代人起源是两个既有联系又有区别的重大课题。其中，关于现代人的起源，流行两种相互对立的理论：一种叫"单一地区起源说"。这种理论认为现代人是某一地区的早期智人"侵入"世界各地而形成的，这个地区过去认为是亚洲西部，近年来则改为非洲南部。持此观点的学者相信现代的各色人种拥有一个近期（大约十万至五万年前）的共同祖先。后来向四面八方迁徙，替代了其他地区的原住居民，形成今天的各色人种。另一种叫"多地区起源说"。该理论认为，现代类型的智人都是由当地的早

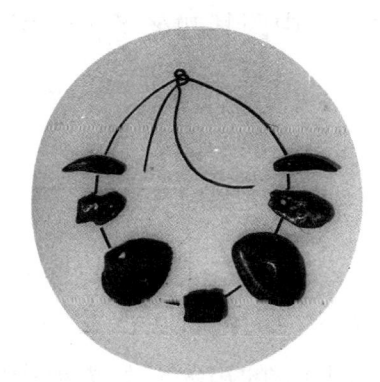

山顶洞人装饰品

期智人乃至直立人演化而来的,他们各自平行发展,当然彼此之间不可避免地也存在着某些基因方面的交流,最终演化成现代的各色人种。

这两种理论长期争论不休,20世纪80年代以来随着现代分子生物学技术介入人类起源研究,有学者提出所谓"现代人起源说",也称"夏娃说",再次引起双方交锋。

1987年,美国加州大学伯克利分校的几位学者,发表《线粒体DNA与人类进化》一文,他们根据对来自世界各地一百四十七位妇女胎盘细胞中线粒体DNA的分析,提出所有现代人种都可以最终追溯到距今大约二十万年、生活在非洲的一位妇女。这位非洲的"夏娃"应是现在世界上所有人的共同"祖母",因而被戏称为全人类的"夏娃"。此后,又有学者对细胞核DNA和Y染色体进行了研究,结论都支持人类起源于非洲的学说。

1998年,十多位中国的生物学家和医学工作者在美国科学院院报上发表文章指出,通过对来自中国不同民族和语系以及东亚的日本、朝鲜,美洲土著,新几内亚,高加索和非洲个体样本进行分析,得出的结论明显支持"现代人非洲起源说"。

中国某知名考古学家也指出,中国晚期智人并非源自北京猿人,而是来自非洲。因此,中国史前史应该从晚期智人开始写起。此前的旧石器早、中期也就自然消失,剩下的旧石器时代可以与新石器时代合并。

如此说来,一切似乎又回到了起点。原本似乎明白无疑的问题,一时间,再次变得扑朔迷离,疑窦丛生。北京猿人难道不是中国人的祖先?如果说中国大地下面深埋着的旧石器中期以前的古人类竟不是中国人自己的祖先，那么，我们的祖先来自哪里？后来又到哪里去了呢？

面对巨大的挑战，中国大多数古人类学家和考古学家从容应战。他们指出，夏娃理论只是推算出来的假设，这一假设须经过考古材料的检验，而中国境内的化石证据支持"多地区起源论"。

马圈沟第一文化层。马圈沟遗址位于河北省阳原大田洼乡岑家湾村西南。

迄今为止，中国虽然暂时尚未见到类似于非洲南方古猿的化石，但是在继南方古猿阶段之后的直立人、智人阶段的化石材料比非洲更丰富，提供了环环相扣的演化链条。

20世纪70年代末以来，中国境内不断发现一些年代突破一百万年，甚至接近或超过二百万年的古人类文化遗址，其年代之早直逼非洲南方古猿。

在华北地区，泥河湾盆地东谷坨遗址发现了估计年代距今大约一百万年前的石器，小长梁遗址和马圈沟遗址更发现了可能超过二百万年前的石制品。

在长江流域，重庆市巫山县龙骨坡遗址，发现了一块人类左侧下颌骨、一枚人牙和三件石制品，经古地磁和电子自旋共振法测定证实，其年代为距今二百万年前后。

在安徽，繁昌人字洞遗址发掘出的人工制品及共出的哺乳动物化石，比巫山的更古老，据研究者估计，其年代可能距今二百四十万至二百万年。

迄今为止，在中国的长江、淮河和华北地区，多地发现了距今二百万年前后的直立人人骨化石或文化，这部分遗址与非洲二百万年前的南方古猿的人类化石和旧石器的年代已经部分拉平。

直立人中有距今二百万年前的巫山猿人、一百七十万年前的云南元谋人，还有一百一十五万年前的陕西蓝田人、五十万年前的北京人和湖北郧县人、三十万年前的安徽和县人与南京汤山人。

距今二十万至十万年间的早期智人代表有辽宁金牛山人、陕西大荔人、安徽银山人、山西许家窑人和丁村人、广东马坝人、湖北长阳人等。

过去，在相当长一段时间内，中国缺乏距今十万至五万年间的人类化石，这也正是"夏娃"理论的立论依据。按照"夏娃"理论的解释，由于某种原因，那时的中国是一片无人区，因此，没有人类存在。这种状况因新近发现的许昌人得以改变。2007年12月17日，在河南省许昌市灵井发现的头盖骨化石的年代约为十万至八万年前。

距今四万至一万年间的晚期智人代表有广西柳江人和来宾人、内蒙古河套人、北京山顶洞人、云南丽江人、四川资阳人、贵州穿洞人、陕西黄洞人等。

如果把从直立人到晚期智人的化石材料摆放在一起，就可以得到一个完整的演化系列，并能够观察到一系列共同的形态特征。例如，呈长方形的眼眶、铲形门齿、扁平的脸面、扁塌的鼻梁等，在许多方面与现在的黄种人比较相像，这些共同特征的延续是古人类在中国连续发展的结果。这表明至少一百七十万年以来，中国人的进化过程是连续不断的。如在中国发现了很多门齿化石，其中，百分之八十至百分之九十的门齿化石背面都是铲形的。而在非洲，这种情况只有百分之十几，在欧洲还不到百分之十。

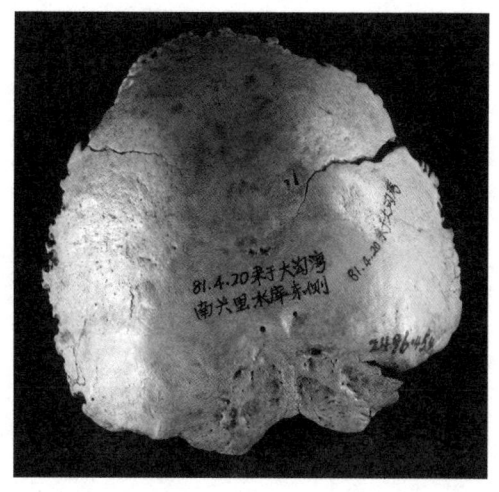

河套人头盖骨，鄂尔多斯市乌审旗萨拉乌苏出土。

当然，中国还有个别人骨化石头骨具有本地区不常见而其他地区常见的特征，比如，广东马坝头骨的眼眶呈圆形，南京人一号头骨的鼻梁高翘，山顶洞一百零二号头骨不很扁等，这些特征在欧洲却很普遍，这很可能说明，中国的古人类与欧洲有少量的基因交流，但是，不能因此否认中国的古人类演化以连续进化为主的事实，只是补充了附带杂交的演化轨迹。

如果我们的祖先曾经一脉相承地生活、繁衍在这块名叫中国的土地上，那么，他们创造的文化也将呈现前后延续的传统而不会突然中断，真实的情况究竟如何呢？

中国最早的旧石器文化距今约二百万年前后，以华南、蓝田和泥河湾的发现最具代表性。其中，华南与蓝田地区，石器多用形体较大的砾石直接加工而成，如尖状器、砍砸器等。而在泥河湾盆地，使用的石器大多来自附近山坡上的岩块，主要用石片加工出各类小型工具，其中，刮削器占百分之八十五以上。依技术而言，均属于石核—砍砸器系统，与东非奥都威和西亚地区的石器工具很类似。

旧石器时代龟背形刮削器

距今一百五十万年或更早，东亚地区主要流行的仍是石核—砍砸器技术。而率先出现在东非的手斧技术（阿舍利技术），不久在欧洲得到了更快的发展。

旧石器时代中期，华北地区继续流行以石片石器为主体的旧石器文化，以锤击技术为主体，直接剥片，石器有小型化的趋势。华南仍属于砾石石器工业系统。而在旧大陆西方，是莫斯特技术盛行的阶段，石叶、细石器技术十分发达。

旧石器晚期，在华北则可以看到典型的石叶与细石器技术，最典型的是宁夏水洞沟遗址，有人将其视为与西方文化交流的产物，这一趋势在接下来的细石器文化发展阶段表现得更加明显。不过，即使在华北，绝大多数石器仍然是当地固有的石片石器，而不是那些具有西方传统因素的石器。在华南砾石石器技术与不典型的石片石器技术仍然是主流，没有发现来自西方的莫斯特技术、石叶技术和细石器技术。

水洞沟遗址

中国社会科学院考古研究所研究员 赵春青

中国旧石器文化的发展过程表明,中国的发展自始至终都与西方有明显的区别。当然,中国的远古祖先并没有故步自封,而是在连续演化的过程中,辅以与西方的文化交流,走出了一条以独立演变为主、文化交流为辅的发展道路,这一认识与从人骨化石中得到的结论,岂不具有异曲同工之妙?

中国是人类的发源地之一。促使人们相信中国也是人类起源地的根据之一是中国境内发现了比非洲南方古猿年代更久远的各

中华先祖

种人类的近亲——古猿的化石材料。理由很简单：既然那时存在过人类的近亲，同样的生存环境，为什么不可以存在人类近亲的伙伴——古人类呢？

按照现代人类起源理论，古猿最初是生活在森林里的，后来由于地壳变动，自然环境和气候发生突变，导致森林减少，迫使古猿下地生活。按照目前研究的结果，最古老的灵长类，是人类和现代所有猿猴的共同祖先，大约在五千万年前，猴类和高等灵长类由共同的祖先分化开来，然后沿着各自的进化方向发展下去。

非洲已经发现了距今三千五百万年前的早期高等灵长类，不过，它们只是高等灵长类进化阶梯上的某一段，而并非始祖。在距今五千万至三千五百万年这段时间间隔中，地球上肯定存在过一些更加原始的高等灵长类，甚至其始祖。

到哪里去寻找它们的踪迹呢？答案是令人兴奋的，它们就在中国！考古学者在江苏溧阳上黄地区发现了至少四种高等灵长类，年代为距今四千五百万年前，比北非的高等灵长类早了将近一千万年。其中一种被命名为中华曙猿。贾兰坡评价说，中华曙猿是20世纪古生物学上又一次极为重要的发现，其意义可以与周口店北京猿人的发现相媲美。

在中国，各种古猿化石材料层出不穷。

在云南开远小龙潭的煤层中发现了距今两千万至一千四百万年的森林古猿。

在云南禄丰发现了距今约八百万年的拉玛古猿头盖骨化石，比非洲的古猿更靠近真正的人类。

在云南元谋，发现了大约距今四百万年前后的元谋古猿，其年代已经进入非洲最近发现的南方古猿的年代范围。

此外,在广西的大新黑洞、柳城巨猿洞、武鸣巨猿洞和湖北建始的龙骨洞等地,人们还发现了巨猿化石,它们也是人类的近亲,在早更新世早期生活在中国南方的广西、广东和湖北一带,可惜,它们没有我们人类幸运,可能延续到中更新世就灭绝了。

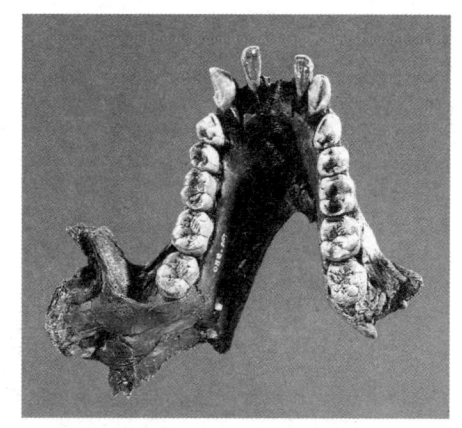

云南禄丰古猿腊玛下颌骨

综上所述,中国拥有广大的新生代地层,已发现了距今四千万年前后的高等灵长类化石和多种古猿化石,年代可能超越二百万年的古人类遗骸及文化,至于一百万年以来的古文化和古人类材料更是不胜枚举,这一切使人们相信,中国也有可能是人类的发祥地之一。

我们的远古先祖,在成功地走出森林、完成从猿到人的转变之后,背起行囊继续上路了。在漫漫征途中,他们的腰杆越来越直,双手越来越巧,心智越来越开化,他们用集体的智慧和辛勤的汗水,渡过了一个又一个难关,最终迎来了新石器革命的到来和中华文明的曙光。

正所谓:风雨如磐,光明在前。历史即将翻开崭新的一页。

农业起源

小麦与大豆。出自许宏《最早的中国》。

中国是一个拥有十三亿人口的大国,人口数量大约占全世界人口的百分之二十二,可是我们的耕地面积只占全世界耕地面积的百分之七,我们靠占世界百分之七的土地养活了占世界百分之二十二的人口。这是因为中国人很早就发明了农业,并且选择了一条精耕细作的农业之路。否则,我们如此众多的人口吃什么?我们的民族怎么繁衍?社会怎么发展?

那么,中国农业是怎么起源的?五谷杂粮果真是传说中的神农或炎帝发现的吗?

中国北方旱地农业的起源。在世界范围内，农业起源中心主要有三个：西亚、东亚和中南美洲。

西亚是小麦、大麦的发源地，畜牧业以饲养山羊和绵羊为主；东亚，以中国为代表，是大米、小米的发源地，畜牧业主要是养猪业，另有鸡、狗养殖等；中南美洲是玉米的发源地，农业以玉米为主，伴有南瓜和豆类，这三者在印第安人的传说里被叫作"农业三姐妹"。这三大农业起源中心，产生了世界上六个原生形态的文明——美索不达米亚、埃及、印度河流域、中国、中美洲、南美安第斯文明。其中，中南美洲文明年代较晚，而且局限在不大的范围内，真正对世界文明产生巨大作用的，一个是西亚文明，后来发展成为西方文明；另一个便是以中国古代文明为代表的东方文明。

那么，中国的农业究竟是怎样起源的呢？

在科学尚未发达的古代，中国广泛流传着各种有关农业起源的神奇传说，有的说神农氏发明了农业，"斫木为耜，揉木为耒，耒耨之利，以教天下"。也有人说，炎帝的后裔为烈山氏，其子名柱，会种植谷物，被后人奉为稷神——谷物神。还有人传说，黄帝派人按照四季的变化来种植百谷草木。

当然，这些都是远古时代的模糊记忆而已，不能作为科学的凭据。

某些西方学者推测，农业出现的时间距今大约一万两千至一万年之间，地点在西亚的两河流域，后传向中国。

科学昌明之后，先是由农学家根据栽培种与野生祖本的关系，判定农业起源地。有不少农学家认为印度是稻作农业的起源中心。后来，有日本学者提出山地起源说，认为包括中国的云南、印度的东北部在内的东南亚北部山地，是稻作农业的起源中心。

20世纪60年代末，美国华裔学者何炳棣在其著作《东方的摇篮》中指出，中国农业的起源具有自己的区域特征和独立性，并不是从两河流域传入的。他认为黄河流域是中国农业起源地。

早在20世纪50年代西安半坡仰韶文化遗址的考古发掘中，已经在那里的窖穴和陶罐里发现了只剩下皮壳的粟（小米）。若换算成新鲜的小米，其中一个窖穴里发现的粟就有成百斤。后来在仰韶文化的好多遗址中都发现了两种小米，一种是粟，另一种是黍。可见，在仰韶文化时期，中国北方确实是种小米的。

在农业起源研究中，农学家擅长排比稻谷的形态，但是仅靠农学家的研究，无法弄清楚这些农作物是怎样演变的。考古学以实物发现为基础，能够搞清楚古代遗物的年代。何炳棣的观点因为有了考古学实物的支持，更显得确凿可信。

不过，问题是：中国的农业只是起源于仰韶文化时期吗？没有比仰韶文化更早的农业遗存了吗？

仰韶文化的年代大体上是公元前5000—公元前3000年，这时候的农业好像已经比较发达了，除了上面提及的粮食实物外，还经常在仰韶文化遗址里发现成套的农业工具，如石斧、石刀、

农业起源 | 23

石铲、石锄等，可见当时的农业发展早已脱离了起源阶段，中国农业的起源肯定要比仰韶文化时期更早。这一大胆的推测，在十多年之后，终于被一系列的考古新发现证实了。

1976年，在河北磁县一个叫磁山遗址的地方，发现了上百个粮食窖穴。粮食在这些窖穴里装好后，上面封一层土，这样，窖穴里的环境就能保持比较干燥的状态。这些粮食窖穴中有八十八个还保存有粮食，当然都已经成为皮壳了。当时做了一种叫作"灰像法"的研究，认为这些粮食是粟。最近的研究证明里面还有黍和其他一些作物，但是以粟和黍为主。如果把这些窖穴里储藏的粮食换算成新鲜的小米，有十几万斤。这里发现的粟比过去所有遗址曾经发现的加起来都多，而它的年代是公元前6000年前，这一下把农业的起源提早了一千多年。同时，这里还出土了三种制作得非常好的农具：一种是石铲，翻地用的，证明那时人们已经知道翻地了；另一种是石镰，就是石头做的镰刀状农具；还有一种就是石磨盘、石磨棒，加工谷物用的。

与磁山几乎同时发现的河南新郑的裴李岗遗址，发掘出的农具几乎跟磁山的一样，只是石铲、镰刀都带锯齿，比磁山的更先进了。

差不多同时，人们在甘肃大地湾窖穴里面发现了粟，而且还是完整的一把，捆在一起，还保留着穗子。

这样一来，整个黄河流域，甚至再往北一点的内蒙古、辽宁等地都发现了这两种作物，年代都在公元前6000年以前，最早的差不多接近公元前7000年。与此同时，人们生活的范围扩大了，人口明显增加了，这说明至迟在公元前六七千年前后，北方地区的旱地农业有了比较大的发展，已经不是农业起源阶段了。

进入20世纪90年代后，人们发现了比裴李岗文化更早的新石器时代遗存，其中，位于华北平原的河北徐水南庄头遗址距今一万年前后，这是一处平原上的具有定居性质的遗址，该遗址出土的狗和猪可能已是家畜，加工谷物的石磨盘，或许就是为了加工粮食用

新石器时代鹿纹灰陶罐，内蒙古赤峰市敖汉旗赵宝沟文化遗址出土。

的。种种迹象表明，南庄头时期人类的经济活动虽然是以渔猎和采集为主，但是或许已经出现了家畜的饲养和原始农业。

如果说在距今一万年前后的华北地区和东北地区农业证据尚不充足，那么，在距今七八千年的新石器时代中期遗址中，不乏与农业遗存有关的重要发现。如辽西地区属于兴隆洼文化的兴隆沟遗址、中原地区的磁山与裴李岗遗址、西北地区的大地湾遗址等，都发现有炭化的小米，在贾湖遗址还出土了可能被种植的大豆遗存，种种迹象表明，裴李岗文化阶段已经脱离了农业发展的初级阶段。

前不久，在北京西郊东胡林遗址发现了实物证据——炭化小米。这个遗址的年代距今一万多年，是最近在整理资料的时候发现的。因此，人们普遍相信华北地区农业的起源，即黄河流域粟类作物（俗名谷子的粟和黍）的栽培也应该在距今一万年前后。

我们从后往前推，实际就推出了黄河流域及北方地区农业发展的几个阶段：

兴隆洼文化提斗形尖底石杯，内蒙古赤峰市翁牛特旗解放营子出土。

裴李岗文化石镰、石铲

第一个阶段，距今一万年前后，以东胡林遗址为代表，可能是农业的萌芽阶段。这一阶段，人们的主要食物恐怕还是靠野生采集、捕猎获得，少量栽种一点谷类作物，除了石磨盘、石磨棒外，没有发现翻地的工具。

第二个阶段，即公元前7000—公元前5000年这个阶段，也就是相当于磁山文化、裴李岗文化这个阶段，我们把它叫作确立期。这时，农业在人类生活中已经确立为一个非常重要的内容，农业产品已经成为食物的重要构成部分。我们看到磁山有那么多的谷物遗存，说明农作物应该是食物的重要来源。而这个时候，人们除了种植谷类作物——小米以外，还养猪。2002年、2003年，在内蒙古兴隆沟遗址浮选出粟和黍，有学者认为这比磁山文化早五百至一千年，说明此时西辽河上游也已种植粟和黍了。

所以，这个阶段的农业，已经跟后代的农业有非常明确的联系了。在这个时期，中国整个北方都种植这两种谷类作物，工具有了进一步发展，更能看出来的是：聚落——人生活的村落扩大，人口明显增加。这种变化肯定会以粮食生产为基础。所以我们可以推测，这个时候旱地农业有了比较大的发展。

第三个阶段，年代大概相当于公元前3000—公元前2000年，相当于考古学上的龙山时代，这一千年是农业的扩展期。农业技术不仅有了进一步发展，而且还向外传播。旱地农业一是往东传到朝鲜半岛,以及现在俄罗斯的远东地区,还有一部分到了日本的九州半岛,一是向西传到甘肃、新疆;还有向南,在长江流域一些水利条件不好的地方,也开始学种粟类。

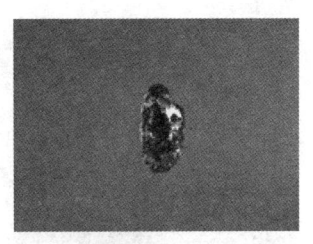

兴隆沟遗址炭化糜子

中国南方稻作农业的起源。中国南方地区的稻作农业的发现过程,与黄河流域旱作农业相似。考古学者最早注意到的稻作农业是湖北京山县的屈家岭和天门县的石家河遗址,这两个遗址均属于屈家岭文化,年代为公元前3400—公元前2500年之间。遗址的地层中间发现了稻谷遗存。当时的人们把稻谷壳掺在泥里,盖房子时抹在墙上,由于房子失火,墙上的土被烧

陕西西安鱼化寨炭化谷子

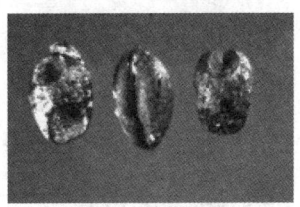

龙山遗址炭化小麦

成红色,在考古上,这种土叫红烧土,而土里的稻谷壳则保留下来了。在这两个遗址中,人们发现了红烧土里的稻谷壳。鉴定结果显示,稻子是栽培稻,而且是粳稻。经过测年,这些稻子是公元前两千多年的遗存,也就是说离现在有四千多年了。中国四千多年前就种稻子了,这是一个很重要的发现。但是后来类似的发现非常多,长江流域比屈家岭早的遗址不胜枚举。

1976年,考古界有了更大的发现,那就是浙江余姚的河姆渡遗址,年代是公元前5000—公元前4500年,也就是距现在七千至六千五百年的时候。在河姆渡遗址,考古学者发现了大量的所

农业起源

河姆渡遗址

谓干栏式房子——地上埋木桩，上面铺地板，再在上面盖房子。当时的人们在加工谷物时，一些皮壳掉在地板下面，大量的稻谷壳、稻叶堆积遗留下来，足有上百平方米，经估算有数万斤。那里还发现了翻地用的骨耜（南方叫泥铲，是专门挖泥用的），是用牛的肩胛骨做的，第一次发掘就发现了七十多个。遗址中有些陶器上还有绘画，有的画的是一束束成熟下垂的稻子。这么早，中国的稻作农业就已经这么发达了，真是令人不可思议。更令人惊讶的是，遗址中一个陶釜的底上竟然发现了一块锅巴，这证明当时的人们已经具备了为稻谷去壳的技术。

河姆渡的稻作农业这么发达，当然不是起源阶段，稻作农业的起源应该更早。

20世纪80年代，在湖南洞庭湖西边的澧县，发现了一个遗址叫作彭头山。彭头山文化中发现了丰富的稻谷遗存。当时人们常把稻糠当作羼和料，拌在黏土中制作陶器和涂抹墙皮。1993—1997年发掘的澧县八十垱遗址，发现了目前我国最早的聚落壕沟及沟内侧堆筑的土垄，出土小粒型原始古栽培稻种的稻谷、大米达两万多粒，还有木耒、木铲、骨铲等农具以及一百五十余种植物籽实，集中展现了新石器时代中期稻作农耕文化较高的发展成就。

2001年发掘的跨湖桥遗址，距今八千至七千年，是早于河姆渡文化的遗址遗存，那里出土了用大型哺乳动物的肩胛骨制作的骨耜和稻谷颗粒，说明耜耕农业已经诞生。

再晚些时候，距今七千至六千五百年，在浙江余姚河姆渡遗址发现的稻谷、稻草的堆积，若折算成稻谷，可达一百二十吨以上，足见产量惊人！

这个时期，南方稻作农业的农具与黄河流域不同，多为木质、骨质，如翻土用的骨耜，就是用牛的肩胛骨修整而成的，另有木铲、收割用的骨镰以及木杵、石磨盘等加工工具。

1993年，在江西万年县仙人洞遗址和旁边的吊桶环遗址这两个公元前一万多年以前的洞穴遗址内，虽然最终没能找到稻谷的遗存，却找到了稻谷的植物硅酸体，俗称植硅石。

什么是植物硅酸体呢？稻叶上有一种特殊形态的物质，这种物质不会烂，它被埋在土壤里时，一定要在高倍显微镜下才能分辨出来。根据这种特殊形态，能够把稻子跟别的植物区别开来，也就是说，尽管考古学家没有找到稻子，但是他们找到了稻子腐烂后残留的物质。

与此同时，在湖南省南部道县玉蟾岩遗址，发现了两粒稻谷，同时也有硅酸体。稻谷为普通野生稻，但具有人类初期干预的痕迹。1995年又出土了一粒稻谷，为栽培稻，但兼备野、籼、粳的特征，是一种由普通野生稻向栽培稻演化的最原始的古栽培稻类型，这是世界上发现的最早的稻谷，这一发现将人类栽培水稻的历史提前到了一万年前。接着，又发现了一粒公元前10000年以前的稻谷，这

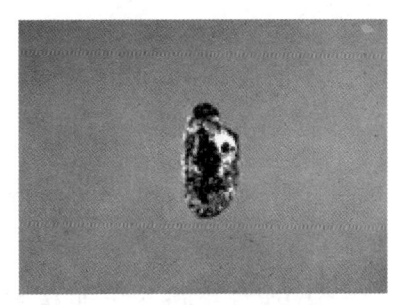

上山遗址炭化稻米

粒稻谷既像野生稻，又像栽培稻，正好符合稻作农业刚刚起源时的稻谷的特征。

此外，2001年在浙江浦江上山遗址也发现了距今一万年前后的带有野生特点的稻谷遗存，再次证明长江中下游地区是稻作农业的起源地。

把这些情况联系起来，就可以把我国稻作农业的发展划分为以下几个阶段：

第一个阶段即萌芽期，类似玉蟾岩和仙人洞的稻作农业阶段。这时，稻子刚刚开始栽培，在人们的食物构成里不占重要地位。

第二个阶段是确立期，约为公元前7000—公元前5000年，大概是彭头山文化时期。那时已经有大量的谷物出现了。

第三个阶段是发展期，相当于屈家岭文化、石家河文化阶段，也包括河姆渡遗址阶段。在这个阶段的遗址中已经发现稻田了。稻田的出现，是稻作农业技术的一大进步。因为稻田里要蓄水，水多了不行，少了也不行，所以田地周围要有田埂，水多了排掉，水少了浇灌，这是稻作农业比旱作农业麻烦的地方。在彭头山遗址就发现了田块的萌芽。最近，河姆渡遗址旁又发现了一个叫作田螺山的遗址，在它周围探测到了大概八九十亩的稻田区。

第四个阶段是扩展期。主要是向东扩展：先从长江流域到华北，到山东半岛，再到辽东半岛、朝鲜半岛，最后到日本的九州、本州，这条路线非常清楚，可称为接力棒式的传播路线。

中国南北两个农业体系的形成。中国有九百六十万平方公里的土地，为何单单长江和黄河中下游地区成为农业起源地呢？

这是因为，史前华南一带处于热带和亚热带地区，气候温暖，四季常青，野果不断，采集经济发达，即使冬季，人们也不会为吃喝发愁，不存在冬季储粮的问题，因而，优越的自然条件，使这里缺乏产生农业的动力，不会成为农业的起源地。

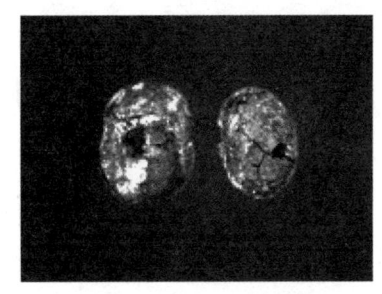

贾湖遗址"野大豆"遗存

北方地区，如内蒙古高原、青藏高原和西北地区等，不仅有漫长的寒冬，找不到吃的，而且环境恶劣，很难开发农业，也不会成为农业的起源地。

只有地理位置适中、野生植物丰富，又亟待解决冬季储粮问题的长江、黄河流域才可能成为稻作农业区和旱作农业区，这一双子农业区后来成为孕育中国文明的主体和温床。

事实上，到公元前四五千年的时候，中国南北两个农业体系就已经形成了。在北方，形成了以种植两种小米为主的农业体系。这一农业体系中还有别的农作物，比如桑、麻；还有一些经济作物，比如豆子；有些地方也种稻子，后来又从西方引进了小麦、大麦。在这样的农业体系中，家畜以猪为主，同时还产生了对应的耕作制度和农业工具，总体构成了一个农业体系。也就是说，在位于黄河流域的中国北方地区，出现了一个以粟和黍为主要农作物的旱地农业体系。

在长江流域，形成了以稻作农业为主的农业体系。在这个农业体系里，家畜也是以猪为主，但同时养殖水牛。

这两个农业体系所处地域不同，但二者是紧挨着的。北方旱地农业歉收了，南方的水地农业可以补充；南方水地农业歉收了，北方旱地农业可以补充。而且，这两个农业体系涵盖的地域非常广阔。当时，中国周围的地区还处于采集狩猎经济时代，没有强势文化。西方有的地区发展程度很高，但比较脆弱，遇到野蛮民族入侵，就会被消灭，所以像两河文明、古埃及文明、古印度文明，都中断了。只有中国文明没有中断过，这是我们的一大特点。中国文明的特色，就是以这两个农业体系为基础的，这两个农业体系就像双子星座，交相辉映。

世界上有四大农业起源地，其中，中国不仅是独立起源的，而且是面积最大的农业起源地，这里培育的稻米迄今仍然是当今世界人民的主要粮食之一。由于中国幅员辽阔，回旋余地广大，又有两个农业体系紧密联系，优势互补，即使局部遭受自然灾害，也不大可能波及整个地区。遇到局部歉收的年景，可以南粮北调，也可以北粮南调，从此，饥饿不再是直接威胁人们生命的根源。

中国社会科学院考古研究所科技考古中心副主任 赵志军

农业起源，是我们人类社会发展史中最重要的一个阶段。农业起源标志着人类由被动适应自然向主动改造自然的转变。这个转变确实是意义非常重大，在农业出现之前，也就是在采集狩猎生产阶段，我们人类对自然而言是被动适应，自然给我们提供什么，我们就获取什么。但是农业出现之后，人类就拥有了主动地改造与改良自然的能力,从而能够从自然中获取到更多的基本生活所需。

兴隆洼文化亚腰石铲

农业发展与聚落的产生。农业的初步发展给定居村落的出现奠定了基础。到了距今七八千年的裴李岗文化时期,在东北、黄河和长江流域都出现了定居聚落。

这一时期的聚落以东北地区的兴隆洼遗址、中原地区的唐户遗址和水泉墓地、长江中游的八十垱遗址和长江下游地区的跨湖桥遗址为代表。

兴隆洼聚落平面呈不规则的椭圆形,长短径分别为一百八十三米和一百六十六米,周围有一道壕沟,宽1.5—2米。壕沟以内的居住区布满房屋,大约有十一二排,每排将近十座,总数约一百余座。这些房屋相互间没有打破关系,显然是一次性布局。房屋本身为半地穴式,多为三十平方米,最大的近六十平方米,最小的则不足二十平方米,室内结构和布局没有什么差别,说明没有明显的功能分化,结合房屋内出土的生产工具,如石锄、石铲、骨锥、骨鱼镖等,和陶钵、陶罐等生活用具来看,这些房屋都是供居住用的,生活在其中的人应为一个对偶家庭。由几个这样的家庭构成的房屋排列在一起,每一排可能是一个家族,而整个村落便有可能是一个氏族公社,居民总数在三百人左右。

中原地区的唐户遗址位于河南省新郑唐户村西,是裴李岗文化保留房址数目最多的遗址,房屋多为半地穴式,面积不大,可以划分为四或五个群,每群有房屋数座到一二十座不等。和兴隆洼一样，这里可能也是一个由对偶家庭—家族—氏族三级组织构成的氏族公社，人口较少。从房屋质量、大小及丢弃的遗物观察，看不出什么区别，应是一个平等社会。

兴隆洼文化遗址

跨湖桥遗址

兴隆洼文化玉玦

中国南方的聚落与北方显著不同，这里湿热多雨，如何防潮成为居住时面临的主要问题，所以这里一般没有北方地区那样的半地穴式建筑，反而流行干栏式建筑，即把房屋架在木桩之上，下面养牲畜，上面住人，这种建筑在20世纪前半期的海南岛黎族地区还一直保存着。考古学家在距今约七八千年的浙江跨湖桥遗址发现了这种桩上长屋，并在稍后的河姆渡遗址得到进一步的发展。

裴李岗文化三足陶壶与三足陶钵

东北地区的排房、中原地区的房屋群、南方地区的长屋，这几种房屋形态都代表着比家庭高一级、比氏族低一级的社会组织——家族组织。可见，到了新石器时代中期，家族势力已经抬头，不过，尚未挣破氏族的羁绊而已。虽然整个聚落内部的人口开始增多，但是并没有发展出不平等的社会现象。

农业生产力的提高与粮食储备，为聚落生活的安定提供了保障。而稳定的聚落生活，则为人们精神生活的多方面发展提供了保障。于是，各种各样的与精神生活相关的现象生机勃勃地出现了。

在河南舞阳贾湖人的农耕聚落生活中，人们在劳动之余，还用丹顶鹤的腿骨制作出二十五只骨笛，笛孔五至八个不等，能够吹奏出完备的多声音阶，是中国音乐史上了不起的发明。

贾湖遗址出土的刻在龟甲上的"日"字刻符，与甲骨文的"日"字甚为相似，虽然年代相隔遥远，却似能窥见中国汉字的某些渊源。

裴李岗遗址曾出土雕塑陶猪，河姆渡遗址出土的一只陶罐上，原始艺术家也刻画了猪肥稻香的生活场面，这是对生活的赞歌。

　　跨湖桥和白家村遗址出土的彩陶，虽然尚显稚嫩，却开启了彩陶艺术的先河，是彩陶文化的先声。

　　兴隆洼遗址出土的玉玦，是目前所见最早的玉器，迈出了玉器时代的第一步。

文明起源

红山文化牛河梁泥塑女神像

中国已故著名考古学家夏鼐先生在其著作《中国文明的起源》中说:"有人说商代是中国文明的开始,如果真是那样,中国文明简直就像传说中的老子,一生下来就长出了白胡子","二里头文化如果不是中国文明的开始,也是接近于开始点了"。

今天,绝大多数学者认为,中国文明是土生土长的原始文明,而且是世界上唯一不曾中断的文明。夏先生提出的二里头文化晚期已经进入文明时代的观点被学术界广泛接受。

时至今日,我们更应该关注的,是中国文明从起源、发展到最终形成的整个历程及其背景、原因、道路、特点、模式以及在世界文明史上的位置等对当代中国所产生的深远的影响。

中国文明是世界上少有的原生性文明。"文明"一词最早见于《易·文言》："见龙在田，天下文明"；《尚书·舜典》："濬哲文明"，都是指光明、有光彩的意思。在西方，"文明"是指人类社会的进步状态，是与所谓"野蛮"相对的概念。

那么，中国文明究竟是怎样起源的？它为什么能够绵延不绝、长盛不衰？

中国以文明古国而著称于世，号称礼仪之邦。可是，20世纪初，当西方列强入侵中国的时候，近代一些西方学者，提出了中国文化乃至中国人种西来说。1919年爆发的"五四"运动，使科学民主呼声高涨，知识界要求重新审视历史，打破三皇五帝的传统史学体系。恰逢其时，近代考古学传入中国，人们"由盲目的信古而进到疑古，更由消极的疑古而进到积极的考古"。中国文明的研究就是在这样的背景下起步的。

始于1928年的安阳殷墟大规模考古发掘揭示出辉煌成熟的晚商文明，从此再也没有人把商代当作传说时代了，探索中国文明起源的序幕就此拉开。

自1928年河南安阳殷墟发掘至今，九十多年过去了。现今，日益丰富的考古学材料已经能够证明，中华文明早在距今数万年以前的旧石器时代晚期就出现了若干文化区系，到了距今五六千年前的新石器时代晚期，逐渐形成以中原为核心，以黄河中下游和长江中下游为主干，其周围环绕多个区域性文化的重瓣花格局。从这个意义上讲，中国文明起源既是多元的，又是有核心的，呈现多元一体有核心的结构模式。

考古学研究还表明，中华文明的形成不是一个早晨就能够完成的，而是有一个复杂曲折的历史过程。这个过程有超过百万年的历史根系，约从公元前4000年前后开始向文明社会挺进，至公元前21世纪进入中国历史上第一个王朝——夏王朝时期。

据研究，三百四十万至一百七十万年前，世界屋脊——青藏高原经历了三次地质运动，使它隆升到现在的高度，在中国与旧大陆西方之间形成一道巨大的地理屏障，加上北边的巨大沙漠，中国因此与旧大陆的西侧分隔开来。同时，在中国的东边和南边则面临着浩渺无际的太平洋和南海，这就使中国形成了一个相对独立的自然地理单元。

中国周围不仅有高山大海这些难以逾越的天然屏障，给远古时期先民的对外交流造成天然阻隔；而且，从人文环境看，在中国文明起源阶段，与世界上几个最古老的文明发祥地距离遥远，和最近的古印度文明中间恰恰隔着世界上最高的喜马拉雅山和青藏高原，二者也难以发生关系。因此，无论自然环境还是人文环境，都决定了中国的文明不可能是外来的，只能走独立起源的道路，是世界上少有的原生性文明之一。

文明的温床：两大农业区的形成。包括中华文明在内的世界上几个最古老的人类文明，都发生在最早出现农业经济的地方，都是农业文明。农业与文明发生如此紧密的联系，并非偶然。

在史前时期，对于整个社会经济文化具有决定性影响的是农业。农业的发明，实现了从攫取性经济到生产性经济的改变，给人们的日常生活带来翻天覆地的变化，这对于人类历史实在是一件划时代的大事，有人称之为"农业革命"。可以说，自从人类发明了农业，才算真正踏上了通向文明社会的征程。

在中国的神话传说中，农业是由神农氏发明的。《易·系辞下传》说："包牺氏没，神农氏作。斫木为耜，揉木为耒。耒耨之利，以教天下。"神农氏只是传说中的人物，究竟生活在什么时代，无法确定，不过，更多的古典文献将他排在五帝之前，可见其年代相当久远。

在中国幅员辽阔的版图上，如果以适宜农业发生的条件来观察的话，黄河和长江所在的华北地区和华中地区无疑最具有孕育农业的优越条件。

华北地区属于中纬度暖温带季风气候，春季干旱多风沙，夏季炎热多雨，水热同步，秋季干凉，冬季寒冷，年降雨量约四百至八百毫米，基本上是半湿润半干旱地区，属大陆性气候。本地区最主要的地貌类型是广泛分布的黄土，厚厚的黄土为培育农作物提供了巨大的天然温床。黄河贯穿全境，千万年来，她像一条巨龙来回摆动，形成了约二十五万平方公里的平原地带，河谷和平原淤积的黄土土壤更构成了发展旱作农业的温床。

华中地区位于北纬二十五至三十四度之间，因高高的青藏高原的阻隔，这里呈温暖湿润的亚热带季风气候，冬温夏热，四季分明，年降水量约为一千至一千六百毫米。这一地区河网密布，中国第一大河——长江，大部分流经本区，其流量是黄河的二十倍，它孕育了肥沃的长江中下游平原。这里水热条件俱佳，湖泊星罗棋布，适宜种植水稻等农作物。

与华北和华中两大区相比，中国的东北地区因天气寒冷而适于狩猎，华南和西南地区因河流众多，山高水险，平地不多，也不利于发展早期农业。因此，在中国农业发展史上，只有华北和华中两地区最适合农业生产，把它们比喻为农业发生与发展的两大温床一点也不为过。

考古学证明，在中国大约一万多年前已经出现了农业，中国的长江和黄河流域成为世界上最早发明农业的地区之一。

过去，我们常说黄河是中华民族的摇篮，黄河是中华民族的母亲河。大量的考古学实证告诉我们，这句话只说对了一半，中国最长的河流——长江，同样是中华民族的发祥地，长江、黄河这两大河流域共同孕育了以大米、小米为农业特色的东方文明。

考古界迄今见到的最早的农业遗址是湖南道县玉蟾岩和江西万年县仙人洞遗址。考古学家在玉蟾岩发现了几粒新石器时代早期的稻谷，在仙人洞则发现了具有栽培稻形态的植硅石，在更靠下面的旧石器晚期的地层中发现了数量众多的野生稻。C14（碳十四）测年表明，人们开始栽培水稻始于距今一万两千年以前，这是世界范围内已知最早的稻作农业证据。

考古学家在距今八九千年、重点分布在今天洞庭湖一带的彭头山文化遗址中发现了更加丰富的稻作遗存。再晚一些时候，在浙江余姚河姆渡遗址，普遍发现了一层稻谷遗存，层厚二十至五十厘米，最厚处超过一米，折合稻谷多达一百二十吨以上，足以证明此时已经出现了相当发达的稻作农业。除了稻谷遗骸之外，考古学家还发现了南方稻作农具，多为木、骨质器具，如河姆渡遗址就发现了一种翻地用的骨耜，另外还有木铲、收割用的骨镰以及木杵、石磨盘等粮食加工工具，表明这是一种粗耕农业。

和南方相比，黄河流域更适合发展旱作农业，而不利于种植水稻，当地居民经过长期选择，最终培育出粟和黍这两种旱作农作物。目前，还不清楚这两种农作物最初发生的情景，不过到了距今八九千年的河北磁山遗址已经可以看到，在两千五百平方米的发掘范围内，发现了大量储存粮食的窖穴，其中，存有粟的朽灰的至少有七十座，如换算成新鲜粮食，竟达十万斤！足见当时粟的产量很高。翻土工具多为石锄、石铲，收割工具有石镰，加工工具则有石磨盘、石磨棒等。可见，这一时期的农业早已告别了粟作农业的初级阶段。

在公元前7000年前后，中国出现了南北两个农业文化区，即南方的稻作文化区和北方的旱作农业区。这两大农业区正是后来数千年中国古代文明的摇篮区，可以说主要吃大米的南方人和主要吃小米的北方人，在农业发明之后的数千年里共同缔造了辉煌的中华古文明。

多元一体有核心的中国文明。公元前10000年之后，亦即农业起源之后，中国史前文明加速向前推进，总的态势呈现以长江、黄河为主导、整体向文明社会迈进的势头。

中国地域辽阔，生态环境复杂，各地原始居民的经济方式、居住模式、风俗习惯、文化传统等各有特点，同时与邻近集团保持交流，这样一来，在整个中华大地上就形成了各自不同的文化遗存，黄河和长江共同培育了中华远古文化，这不仅在旧石器时代的华北小石器工业和南方的砾石工业已显露端倪，到了新石器时代更是如此。正是从这个意义上讲，中国文明是多元的。目前，已经可以确定的文化区有中原区及环绕其周边的海岱区、江浙区、长江中游区、长江上游区、甘青区、雁北区和燕辽区。苏秉琦先生称之为满天星斗；北京大学教授严文明先生将其称为重花瓣结构，中原为花心，四邻为花瓣。这样，整个中国史前文化呈现多元一体，以中原为核心的结构。

中原文化区，古称华夏。新石器时代中期，出现了三支考古学文化，即河南中西部的裴李岗文化、渭河流域的老官台文化和河北南部的磁山文化，这三支文化与后续的仰韶文化有着密切联系，有人称之为前仰韶文化。在裴李岗文化阶段，各聚落体现出氏族平等的社会风貌，已经发掘的属于裴李岗文化的河南新郑裴李岗遗址、密县莪沟北岗遗址、舞阳贾湖遗址等都显示出平等的色彩。大约公元前5000年，这三支考古学文化融合成仰韶文化，后来大致经过四个考古学分期过渡到龙山时代。诸支考古学文化的关系可概括为：前仰韶文化——仰韶文化——庙底沟二期

仰韶文化早期红陶老人头像

文化——中原龙山文化——新砦文化——二里头文化。这一地区在所有区域文化中，不仅位置居中，而且从文化面貌上看，具有兼容并包的气度，总体态势是虽然有曲折，但向文明社会演进的浪潮一浪高过一浪。大约公元前2000年，这里率先走进夏王朝文明社会。

海岱文化区位于中原文化区的东边，以泰山为中心，东临大海，西接豫东地区。在新石器时代中期，泰山北麓已经出现了后李文化，后续为北辛文化，接着先后经历了大汶口文化、山东龙山文化、岳石文化，至商代，融入华夏文化系统。海岱文化区以大汶口文化的原始文字、龙山文化的蛋壳黑陶闻名于世，近年来发现的丁公文字和一大批龙山文化城址，是其文明化过程中的亮点。

燕辽文化区指今天的辽西平原至燕山南麓一带，这里最早的新石器文化是距今约八千年的兴隆洼文化。此后经赵宝沟文化，

内蒙古赤峰市宁城县小黑石沟夏家店下层文化遗址

到公元前4000年左右，演变为红山文化、小河沿文化、夏家店下层文化。这里出土了一种用作日常陶器的筒形罐，因而也有人称其为筒形罐文化区。这一文化区与东西伯利亚、朝鲜半岛和日本列岛的史前文化关系紧密。这里引人注目的是兴隆洼文化的玉器和红山文化的坛庙冢，特别是红山文化的彩陶纹样与中原地区的彩陶有相似的母体，彰显出与中原文化交流的痕迹。

甘青文化区可以看作是中原文化区向黄河上游的拓展，目前可以看到的最早的新石器文化是大地湾文化，以后经仰韶文化的庙底沟期发展为马家窑文化，再经常山下层文化过渡到齐家文化。甘青文化区除受到来自东边的中原系统的文化影响外，至少在龙山时代又程度不同地接受了来自域外的草原青铜文化的影响，呈现出草原狩猎、采集经济的面貌，这一过程大概与公元前2000年前后，环境发生突变因而生产方式由农业转变为畜牧业有关。

巴蜀文化区最引人注目的是近年来在成都平原发现了一批龙

新石器时代磨光红陶壶，内蒙古赤峰市翁牛特旗大南沟出土。

夏家店下层文化彩绘双耳盖罐，内蒙古赤峰市敖汉旗大甸子营出土。

河姆渡文化双鸟朝阳纹象牙雕刻器

山文化时期的古城址，为闻名于世的三星堆文明找到了直接源头，这里也是一个相对独立的文化区。

长江下游地区，自新石器时代早期开始，出现了上山遗址那样的新石器时代早期文化遗址，接着出现了跨湖桥文化和小黄山文化；到了新石器时代中期，在钱塘江南北两侧出现了河姆渡文化和马家浜文化；稍晚在皖西地区出现了薛家岗文化、巢湖地区的凌家滩文化、环太湖的崧泽文化和江苏中部的青莲岗文化。到了大约公元前3300年，当地进入了良渚文化阶段，不过，像石家河文化一样，良渚文化不久就走向了衰落。

在上述各文化区当中，中原扮演了中华文明大熔炉的角色，这里不仅占尽"居天下之中"的地理优势，而且经过仰韶文化庙底沟期的对外扩张、仰韶文化晚期的分化、龙山时代的再度崛起这一波三折的文明化过程，最终具有了海纳百川般的胸襟，也较早形成了一整套与神权有别的所谓"礼制"的统治理念。这种朴素的、注重现实社会的思维模式，最终把中原地区推向文明社会，并为后来的夏商周三代文明奠定了坚实的基础。

史前社会的文明化进程。从考古记录看，史前社会的文明化是分三个阶段完成的。

第一阶段，公元前4000年前后至公元前3300年前后，大致相当于仰韶文化的庙底沟期、大溪文化的早中期和大汶口文化的早期。

在长江流域，原始城址——湖南澧县城头山遗址率先作为长江中游的大溪文化被发现。城内有较大的制陶作坊和椭圆形祭坛等遗迹，说明那里是一个陶业中心和宗教中心。

仰韶文化陶塑人面像

在中原地区，仰韶文化早期不仅出现了像陕西华阴西关堡、河南灵宝西坡、北阳平那种面积达数十万、上百万平方米的中心聚落，而且在河南灵宝西坡遗址出现了面积达二百多平方米的大型房屋和大墓，表明社会已经存在阶层分化的现象了。

仰韶文化陶鹰鼎

在安徽凌家滩遗址，出现了大型的祭坛与贵族坟山，内出玉人、玉龟和刻有方位的玉牌等众多精美玉器。凡此种种，可以看出，一些文化中心已经迈出了走向文明的步伐。

仰韶文化网纹彩陶船形壶

第二阶段，约为公元前3300年至公元前2500年，相当于中原地区的庙底沟二期文化、红山文化晚期、大汶口文化中晚期、大溪文化晚期。

中原地区，河南孟津妯娌遗址发现的庙底沟二期文化聚落，公共墓地出现了等级差别。大中型墓葬随葬象牙箍等高规格遗物，普通小墓则一无所有。

在黄河下游，大汶口文化墓地，少数大墓设置木棺，有的在棺外还建一层椁，随葬品可多达一百多件，含有大量制作精良的玉器和陶器。而绝大多数小墓则为仅能容身的小型土坑墓，无随葬品或仅有十分简单的随葬品。这里和大汶口墓地的埋葬状况，说明同一聚落当中的贫富分化现象更加严重了。

贫富分化导致社会阶层间矛盾的激化，对财富的觊觎和掠夺比先前更激烈了。这一切最终导致各地城址迅猛发展，城址数量激增，战争更为频繁，不同聚落不得不到处建城设防，抵御外敌入侵。

无独有偶，在长江流域也出现了类似的古国。以石家河城址为中心的屈家岭文化城址群，城址有大有小，最大的石家河城址面积达一百二十万平方米。这说明当时的古国规模大小不一。而且，当时社会分层明显，已普遍进入"古国"时代。

东北地区，在红山文化后期出现了大型的祭祀中心和高规格的贵族墓群，其中，包括女神庙、方形祭坛和积石冢等大建筑群。这说明当时的社会已普遍分化，只有极少数贵族死后才能归葬于牛河梁这块圣地。

第三阶段，距今五千年至四千年左右的龙山时代。龙山时代出现了大批城址，大体分为中原地区城址群、海岱地区城址群、长江中游城址群、成都平原城址群、北方地区石城城址群五大城址群，加上长江下游新发现的特大型城址——良渚城址，可谓城堡林立。

浙江省考古研究所研究员 王宁远

在良渚古城确认之前，当时的说法是良渚代表了中国文明的曙光，就相当于在这个门槛上将要迈进来了实际还没进来，就在这个临界点上面。现在我们发现了这个良渚古城，我们就认为它实际上已经迈进了文明的时代。

众多城址，特别是一些面积逾百万平方米的城址的出现，说明当时出现了一些能够控制更大范围的社会成员的机构，这与史载国家机器的进一步完善相符合。史载，尧拥有一支强大的军队，不断地征伐四方，如"流共工于幽陵，放驩兜于崇山，以变南蛮；迁三苗于三危，以变西戎；殛鲧于羽山；以变东夷"。尧、舜时期，国家机构更加完善。按照《舜典》记载，当时的官职有四岳、十二牧及司徒、司空、后稷等，再往下还有士、工、虞、秩宗、典乐、纳言等更低一级的官员。尧、舜时已经有成套的刑法，可见国家机构比黄帝时已有较大的发展。

尧、舜、禹时，遴选国家首脑的继承人，采用的是所谓的"禅让制"。国家首脑不把权力传给儿子，而是传给贤明之人。有学者指出，禅让制的实质在于，氏族社会的民主选举制还以残余的形式存在，而家族的世袭制又还没有确立，最初的政权组织大概就是在这种矛盾的过程中产生的。禅让制反映了氏族制度的民主本质，尧、舜等人只不过是部落联盟的酋长，根本不是什么天子或帝；他们手下的官员也都是部落或氏族的酋长，都有明确的分工，管理公共事务。所以，尧领导的应该是一个国家，而不是什么联盟会议。

从史前文化的互动关系来看，在上述第一个阶段，中原地区的庙底沟文化向四周同时期的文化施加影响，其时代特点是中原

庙底沟文化红陶碗

仰韶文化庙底沟类型玉钺

马家窑文化彩陶贴塑人纹双系壶

大汶口文化白陶盉

向周邻文化的辐射。其中，特别明显可见的是庙底沟文化的彩陶花瓣纹图案的传播，东到大汶口文化，西至马家窑文化，东北至赵宝沟文化和红山文化，南到大溪文化，到处可见。

可是，到了第二个阶段，四邻的文化一反被动态势，积极向中原地区拓展领域。其中，最明显的是来自东方和南方的集团向中原地区的反攻。东边的大汶口文化向中原腹地进军，已经在伊洛地区出现了典型的大汶口文化墓葬。南方的屈家岭文化也趁机把势力范围推进到洛河上游的卢氏县境内。

中原地区在经过了长达数百年的文化低潮之后，到了龙山时代重新彰显天下中心的优势，经过庙底沟二期文化阶段的短暂调整，到距今约四千年时，在广阔的长江、黄河中下游地区出现了波澜壮阔的文化景观：以中原龙山文化为中心，在它的周边分布着呈重瓣花结构的龙山时代史前文化分布格局。

中原龙山文化占据着黄河中游地区，它的东边是山东龙山文化，

小河沿文化人形蚌饰

它的南边是石家河文化，它的北边是雪山二期文化和老虎山文化，它的西边是客省庄文化和齐家文化。在这一巨大文化圈的外围，南边分布着岭南地区的昙石山文化，东北为小河沿文化，西边为新疆地区的新石器时代文化，西南有青藏高原上的卡诺文化等，整个中国大地出现了气势磅礴的以中原地区为核心的多元一体的文化分布格局，这一格局不仅直接影响到中国青铜文化分布格局，甚至奠定了中国版图最初的基础。这种以中原地区为核心，连接四面八方文化区系的文化分布格局，奠定了中国多元一体有核心的文化基础，给中国历史的走向以深远的影响，以至于千百年来流传着"得中原者得天下"的名言。

龙山时代，是一个战火连天的时代，也是锻造中华民族性格的时代，是最初意义上中国的孕育期。正是在战火的洗涤中，中原地区成为中华民族的熔炉。正是在无数次战争，以及在率

领各地人民长期的治水活动当中,中原地区的首领——大禹,渐渐树立起自己的权威,最终夏邦联合其他邦国建立了中国第一个王朝——夏王朝,它标志着中国文明社会的到来。

邦国时代

陶寺遗址出土的土鼓，目前发现的中国最早的鼓的实物。

公元前3000年—公元前2000年前后，是中国历史上的英雄时代，也是考古学上的龙山时代。此时，在晋南、山东、湖北，甚至在距离中原地区遥远的成都平原和甘青地区，到处都留下了邦国的印迹，整个中华大地进入了万邦林立、城堡四起、争奇斗艳的邦国时代。整个社会处于从多元发展向以中原为核心多元一体转变的进程之中，以中原地区陶寺城址为代表的史前文明社会的到来，终于促成从邦国林立到以中原为核心的历史性转变。

这一时代大致相当于传说中"五帝时代"的后半程——颛顼、帝喾、尧、舜、禹时期，近年来一系列重大考古发现正在逐步揭

龙山文化白陶鬶

开这一时代的神秘面纱，无言地向人们诉说着那一段激动人心的历史往事……

龙山时代。 文献中，夏代之前的尧舜禹时期已有"万邦"。如《尚书·尧典》说帝尧能"协和万邦"，《汉书·地理志》说尧舜时期"协和万国"，《左传·哀公七年》说"禹合诸侯于涂山，执玉帛者万国"。这里的"万邦""万国"之"万"字，只是极言其多，不必指实，其中既有属于国家的政治实体，也有许多还属于非国家的政治实体，但"万邦"这一概念充分表现出当时众多部族分立各地、小邦小国林立的状态，而这些恰恰同考古学上龙山时代城邑纷纷崛起、散处各地、互不统属的文化分布格局相吻合。

距今五千至四千年间，分布在黄河流域的史前文化属于龙山文化，因而这个时期也被考古学家称为龙山时代，大约相当于古史传说中五帝时代的后半段，即颛顼、帝喾、尧、舜、禹时期。

龙山时代的一个突出的人文景观是涌现了大批城邑。迄今为止，已发现龙山时代城址七十座以上，遍及黄河中下游、长江上中下游和黄河河套地区。这些史前城邑大小不一，大者面积达百万乃至数百万平方米，小者只有数万平方米，其功能亦不尽相同，除了具有防御功能外，那些面积在百万平方米以上的超大型城邑往往具有强制性权力机构。这种凌驾于全社会之上的强制性权力机构的设立，正是古代国家形成的最重要特征之一。

龙山时代出现大批城邑的背景是多元文化格局的形成。据考古学研究，进入龙山时代以来，随着中原地区在调整重组后再度崛起以及社会文明化进程的加快，以中原为核心、多元一体的文化格局最终形成。其标志是，在多元文化格局的内重花瓣的中央，形成了一个核心文化区——中原文化区。

具体表现是，在中原地区龙山时代的考古记录中出现了大量来自周边的文化因素，这是因为随着中原地区的逐渐强大，邻近的文化越来越感受到中原文化的压力。各地与中原地区的交流不再仅仅是文化风格的传播，而是在制度、思想等更深层次上开展了全面交流。如中原地区发现的与良渚文化颇为相似的玉璧、玉琮之类，以随葬高端手工业制品等来显示墓主的身份地位，均表现出对东南地区社会风俗的接受，以及对后者等级制度的借鉴和吸收。

《尚书·禹贡》对九州的风土人情、地理特产都有记载，这表明，此时的中原人已经对其他民族有了颇为全面和比较深入的了解；同时，中原社会也以各种方式，甚至以战争手段，向其他民族输出中原制度或社会理念。这样，以中原为中心的全方位交流，逐渐形成了强大的向心力和凝聚力，促进了民族间的理解和认同，推进了多元文化朝多元一体有核心的方向发展，从而为接下来的夏商周三代文明的兴起打下基础，最终导致了以汉民族为主体的，有着广泛文化、心理认同的中华民族大家庭的形成。

陶寺遗址

陶寺文化遗址。在多元文化当中，属于中原龙山文化系统的陶寺文化尤为引人注目。陶寺文化因陶寺遗址而得名，该遗址位于今山西襄汾县陶寺村南，面积约二百八十万平方米，有数个自然村那么大。

根据古史传说，包括陶寺在内的临汾盆地是帝尧陶唐氏的居地。陶寺遗址的年代大约为距今四千三百至四千年，其中作为都邑而存在的时间约为距今四千三百至四千一百年，这一年代范围在夏代之前，属于尧舜时期。

在陶寺城内，有宫殿建筑、贵族居住区、仓储区。这里还发现了一处"特殊"遗迹，被发掘者称为观象台，如果确实如此，便可与唐尧时的天文历法成就相联系，从而说明陶寺遗址很有可能是帝尧陶唐氏的都城。

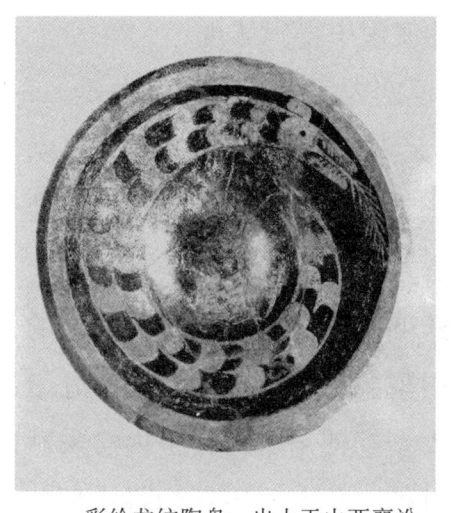 

彩绘龙纹陶盘，出土于山西襄汾陶寺遗址。　　文字扁壶

在陶寺遗址出土的各种文物中，很多陶器都施以各种彩绘。比如有一件出自大墓的彩绘龙纹陶盘，可能是当时"王室"使用的一种礼器。正是从这个陶盘上的龙纹开始，中国的龙形象得以基本定型，延续至今。

陶寺遗址出土的一件扁壶的腹部上方，有两个朱砂写就的字符，一个是"文"字，另一个尚无定论，学界有命、易、尧、邑等几种解释，但都认为是与唐尧或夏禹有关的文字。这两个文字的字形和结构，比大汶口文化中的图像文字有了进一步发展，再次说明龙山时代已有文字。

陶寺遗址出土的一件玉兽面，玉质晶莹剔透，造型优雅别致，与湖北境内出土的石家河文化同类玉器造型极其相近，反映出中原上层与长江中游龙山文化的密切关系。

陶寺的大型墓葬中出土了各种质地、各种种类的礼器，由此可以推想当时已经形成了礼制，这就是所谓的"器以载礼"，贵族身份和尊卑等级都可在礼器的使用中得到体现。

2002年发掘的IIM22墓规模宏大，尤其出土了龙盘、鼍鼓、陶鼓、石磬、彩绘陶簋、彩绘大陶盆、玉兽面、大厨刀以及玉圭、玉琮、玉璧和彩绘陶壶等王者之器，再次说明陶寺墓地存在国王级别的高级墓葬，不妨称之为"王墓"。

陶寺遗址墓葬资料呈现出鲜明的阶级阶层分化。发现的一千多座墓葬，可划分为大型墓、中型墓和小型墓三大类。处于最高层的是甲种大墓的墓主，这类大型墓使用木棺，棺内撒朱砂，随葬品数量多而精美，可达一二百件。处于最下层的是小型墓，这类墓的数量最多，占总墓数的百分之八十以上，小墓墓主有的只有骨笄之类的小件随葬品一至三件，更多的则是一无所有。小墓中个别的尸骨缺失手、足，或头骨被砍伤。究其原因，若非战争中受伤，便可能是受刑所致。可以说，从公元前2400年开始，陶寺社会已形成金字塔式的等级结构和阶级关系。

陶寺遗址大墓中出土的石磬

龙山文化。龙山文化的范围应包括山东全境及江苏、安徽北部、河南东部的部分地区。发现各类遗址一千多处，经过发掘的遗址近七十处。其相对年代晚于大汶口文化而早于岳石文化，绝对年代大致界定在距今四千六百至四千年之间，其年代跨度大约为六百年。

龙山文化发现了一批规模较大的城址，大的可达三十多万平方米，小的仅有三万至五万平方米，分布范围相当广泛，几乎涵盖了龙山文化的所有类型，在一定程度上出现了两极分化的标志。

龙山文化的制陶工艺和技术之高，可谓空前绝后。其中，蛋壳黑陶和一批精美的磨光黑陶代表了龙山文化陶器制作艺术的最高水平，特别是蛋壳黑陶杯，薄如蛋壳，漆黑光亮，重仅几十克，已非实用器，此类器物的拥有者，一定具有较高的社会地位和权限。

制玉技术的繁荣和提高是龙山文化手工业的又一突出成就。山东临朐西朱封墓地出土了一件玉冠饰，分别由冠首和柄两部分组成，冠首呈乳白色，整体雕刻成兽面状，表面抛磨光润，镂孔形状各异且左右对称，冠饰左右两边，各镶嵌一枚圆润的绿色玉珠，实为艺术精品。与玉冠饰同出的还有二件玉钺、一件四孔玉刀、一件浮雕人面玉簪等，均为上层人物乃至王室使用的高级礼器。

礼器的出现和礼制兴盛是密不可分的，山东龙山文化发现的礼器种类繁多，

蛋壳黑陶高柄杯

邦国时代 | 59

并出现专业化倾向。礼器种类有玉钺、玉版、玉冠饰、蛋壳黑陶高柄杯、磨光黑陶垒等，这些器物均非实用器，但制作精良，是人们区分社会等级和身份的象征及标志。

文字是文明社会的重要标志，山东龙山文化已经发现了真正的文字。山东邹平丁公遗址出土的龙山文化陶文发现于一个大平底盆底部，年代为龙山文化晚期，绝对年代约在距今四千二百至四千一百年间。该陶片上现存五行十一个字，右起第一行为三字，其余四行均为二字。这十一个字，其笔画线条流畅，排列规律，字体规范，显然是一种成熟的文字。

对于这片陶片上的文字，多数学者表示认同，有学者认为这批文字以连笔为主，与殷商时期的甲骨文和金文有很大区别，不应是汉字的祖先，可能是古彝文。

纵观龙山文化的社会生产力发展水平，不仅出现了一批大型遗址和城址，发明和使用了文字，而且出现了一批具有相当规模和等级的墓葬和高规格礼器，在很多方面具备了文明社会的基本要素。

令人不解的是，继龙山文化之后的岳石文化，突然呈现文化衰落之势，反倒不如先前的龙山文化发达。与中原文化长期东西对峙的东方文化似乎在龙山文化末期遭遇了重大挫折，海岱地区的文明化进程似乎改变了原有的轨迹。

良渚文化。 与山东龙山文化命运相似的还有盛极一时的良渚文化。

良渚文化主要分布在今浙江省北部和江苏省南部的太湖周围

地区。距今五千三百至四千年之间，良渚文化的陶器，普遍使用先进的快轮制造，有些非常精致，带有刻划纹和镂空纹饰。石器磨制精良，有耜、犁、耨、镰等成套的农具，有多种多样的竹编器和已知最早的丝绸。良渚文化墓葬表现的玉器种类繁复，造型优美，雕琢精细，大多经过极细心的打磨抛光，呈现玻璃样的光泽。浮雕的纹饰纤细如发，其中，饕餮纹开启了商周青铜器饕餮纹的先河，令人叹为观止。

良渚文化的中心性遗址有浙江余杭良渚遗址群、江苏昆山赵陵山、吴县草鞋山、张陵山，武进寺墩，上海青浦福泉山等。

2006—2007年，通过大规模的钻探和试掘，发现了良渚文化古城，其平面大致呈正南北方向，大体围绕莫角山和反山分布，总面积约二百九十万平方米。城墙底部普遍铺垫石块作为基础，其上再用较纯净的黄色黏土堆筑而成，内外两侧都有壕沟。

城内的反山遗址为一东西长九十米、南北宽三十米的人工堆筑土墩，总面积约两千七百平方米。1986年在土墩西部进行发掘，清理出良渚墓葬十一座，墓中发现棺床和朱漆木棺痕迹，出土精美玉器一千一百余件（组）。其中包括被称为"玉琮王"的玉琮、

神人兽面纹玉钺，浙江余杭反山出土。

瑶山祭坛

被称为"玉钺王"的玉钺以及玉冠状饰等大量精美绝伦的玉器。

莫角山遗址为一人工堆筑的长方形土台，基本为正南北方向，上有三个高土墩，分别为大莫角山、小莫角山和乌龟山。目前在大莫角山西南、乌龟山东侧和小莫角山南侧都发现有夯土基址，其总面积不少于三万平方米。有些夯基上有成排的柱洞，并发现了大量土坯和大型的方木料。有的地方夯基厚近一米，可能是大型建筑的基址。

良渚文化古城是目前所发现的中国同时代最大的城址，被誉为"中华第一城"，它的出现标志着良渚文化已经跨入文明社会的门槛。

人工堆筑的大型墓地兼祭坛是良渚文化的特色之一。其中，良渚遗址群东北端的瑶山祭坛最为典型。这处祭坛整体规模宏大，其中心部位为一红土台，外围一圈灰色土，灰土外围再筑一周铺有砾石的黄土台，台西、北两侧保留有石坎。祭坛上发现南北两列排列整齐的十二座墓葬，墓葬中出土各类器物两千六百多件，其中仅玉器即多达两千五百多件。

良渚文化的墓葬有明显的等级差别，大致可以分为四级。第一级包括反山、瑶山墓地中的大墓。这些大墓均建在祭坛与墓地合一的人工土台上，墓圹长3米以上，宽1.5米以上，随葬品以玉礼器为主，数量多，琮、璧、冠形器、三叉形器、锥形器、璜、牌形饰均有，品种齐全，多为真玉，刻画的人兽纹最为写实，形态变化多端，显示出这些墓的特殊地位。第二级以寺墩、福泉山、草鞋山、赵陵山、张陵山等墓地的大墓为代表。这些墓也多建在祭坛与墓地合一的人工土台上，随葬品以玉礼器为主，数量较多，但除均有琮、璧外，其他种类或有或无，精美程度差，假玉比例大。第三级分布较广，高台式和平地式墓地中都有，有少量琮、璧等玉礼器随葬。第四级墓数量最多，高台式和平地式墓地中都有发现，多随葬日常生活用的陶器和工具等，无玉礼器。此外，赵陵山遗址人工土台外的墓葬，被有些学者认定为殉葬墓。

高等级墓葬的存在，表明良渚社会上层集团的形成。这些墓葬多占据规模大、形制完备的祭坛，随葬最精美的玉礼器，说明上层集团拥有崇高的宗教权威，集团的首领很可能也是宗教领袖，对一定地区有宗教上的控制权。高等级墓中出土的大量玉钺、石钺显示，这些高级宗教人员同时具备世俗权威，可以推测，他们很可能也控制着其宗教势力范围内的军事、行政权力。

良渚文化玉器上面，发现有不少形体复杂的刻画符号，个别陶器上还有成串的符号。据研究，不少符号与大汶口文化的符号相同，很可能是原始的文字。在一件良渚文化陶壶腹部，有几个连续的符号，专家们普遍认为，它们不再是刻画符号而是真正的记录语言用的文字。

良渚文化玉钺

良渚文化玉琮

邦国时代 | 63

奇怪的是，良渚文化这样一个等级分明、分工精细、组织严密、在文明化道路上前进颇快的社会，到了大约公元前2500年，突然崩溃了。继之而来的马桥文化全无昔日良渚文化的风采，此后长江下游地区的史前文化，呈现出衰落之势，这一现象，史书上没有留下片言只语，从而成了千古之谜。有学者认为，良渚文化过度开发资源，把社会的宝贵财富过度用在毫无实用价值的玉器生产上，最终导致社会崩溃；也有学者认为，是突然爆发的洪水或海啸淹没了整个良渚文化。直到最近几年，来自上海广富林遗址的新发现，打开了另外一条思路。在所谓广富林文化遗存中，存在大量与中原龙山文化王油坊类型相似的文化因素，莫非它们是中原人大举南下的遗留？或许正是中原势力的渗透，加速了良渚文化的覆灭。

石家河文化遗址

石家河文化。长江中游地区在传说中是所谓苗蛮集团的地盘,龙山时代属石家河文化,它因湖北天门市石家河遗址群而得名,主要分布在以江汉平原中部为中心的地区,其绝对年代为公元前2500年至前2000年。目前发现的石家河文化遗址估计近千处,尤其是天门市石家河镇北最为密集,在约三四平方公里的范围内已发现四十余处遗址,在此形成了一个密集的石家河遗址群。

石家河文化玉面人

截至目前,石家河文化已经发现的城址有十八座,其中,规模最大的是石家河城,面积约一百二十万平方米。学者一般都认为,石家河城址的主要使用年代和繁盛期在石家河文化早中期。从石家河城附近的罗家柏岭和肖家屋脊等遗址出土的石家河文化大型建筑遗迹、成批的玉器、残铜片和炼铜原料(孔雀石)及铜渣等遗物来看,这一时期的石家河城确实具有相当重要的地位。

石家河文化的玉器富有特色,目前已发现数百件,多出自瓮棺葬中。其中,在石家河的罗家柏岭遗址和肖家屋脊遗址以及澧县孙家岗遗址均发现了大量玉人头像牌饰和坠饰、蝉形饰、龙形饰、凤形饰、璧、管、环等装饰品。这些玉器颜色艳丽、形象生动。特别是玉雕人头像,头戴人字形冠,两耳上有弯角形装饰,口吐獠牙,可能是当时的神人或巫师的形象反映。玉器制作已采用了切割、雕琢、钻孔和抛光等工艺,具有较高的技术水平,石

石家河文化陶塑动物

家河文化中很可能已出现了专门的制玉手工业。

烧制的陶塑艺术品之多也是石家河文化的一大显著特征。仅1978—1987年在邓家湾遗址的三次发掘中就出土了数千件陶塑艺术品，其种类除人像外，以动物和家禽、家畜形象最多，包括鸟、象、猴、龟、鱼和鸡、鸭、狗、猪、羊、牛等。

在肖家屋脊还发现有石家河文化早期的刻画符号四十一个，多数是陶器烧前刻画上的，少数为陶器烧后刻画的，符号有牛角形、山字形、圆圈、菱形、高圈足杯形等九种。

冶炼金属器是文明社会的特征之一，石家河文化已使用了铜器。在邓家湾和肖家屋脊遗址都发现过绿松石（孔雀石）铜矿石块，特别是在罗家柏岭遗址出土了五件残铜片，为研究这一文化铜的冶炼和使用提供了重要证据。

石家河文化社会的宏观结构与良渚文化社会有相似之处。墓葬有显著的分化现象，小墓一贫如洗，大墓富丽堂皇。如肖家屋脊的M7为一座大型土坑墓，墓口长3.2米、头端宽1.8米、足端宽 2.4 米、深约 1 米，男性单人二次葬，无葬具，有二层台。随葬陶、石器一百零三件，包括大量的水器、食器和酒器，还有象征身份和地位的石钺一件。

到了石家河文化中期以后，长江中游地区的城址包括石家河那样的大城，几乎全部废掉了。存续下来的所谓后石家河文化，融进了大量来自中原地区的影响。再以后，竟连人的踪迹也难以见到了，这种萧条一直持续到商周时期，此后当地的社会才再度复兴，不过，石家河文明的衰落比良渚文化要晚二三百年的光景。关于衰落的原因，有人认为与水患有关，但是，应该看到，石家河文化的前身——屈家岭文化时期，长江中游文化大举进攻中原，以致河南西南部一些原为仰韶文化的地盘，被屈家岭文化所抢占。这个势头一直持续到石家河文化中期，但是，此后，一度被屈家岭文化扩张占据的地盘，又重新被中原文化覆盖。这与传说中的"禹征三苗"如此相符，看来，长江中游文化的衰落也与中原文化的南下有关。

中原龙山文化。 中原地区的文明化进程一波三折。这里在大约公元前 3000 年，开始了一场大规模的文化重组，其中，豫西晋南地区的文化扮演了重要角色，仰韶文化最早过渡为庙底沟二期文化，并在不太长的时间内迅速扩散开来，几乎覆盖了原来整个仰韶文化的范围。到公元前 2500 年前后，形成了几支既有联系又有特色的地方文化，如客省庄二期文化、豫西的王湾三期文化、豫北冀南的后冈二期文化、豫东地区的造律台文化以及局限在晋南襄汾盆地的陶寺文化，统称为中原龙山文化。

在公元前 2500 年前后，伴随文化的重组、人群流动，以及周边文化大量涌入，中原地区显得动荡不安。其显著表现之一就是，中原城址如王城岗、古城寨、孟庄、后冈、平粮台等如雨后春笋般冒了出来，中原大地进入了邦国林立的时代。其中，陶寺城址是整个晋南盆地邦国的中心。而豫西晋南地区的龙山文化，又名王湾三期文化，其遗址分布密集，大型聚落星罗棋布，如王湾、瓦店、登封王城岗、新密古城寨与新砦、洛宁西王村、武陟大司马、济源庙街等。各邦国割据一方，群雄并起，有的还修筑了城堡。在彼此格外激烈的冲突中，逐渐酝酿出一种新的社会秩序，其标志是公元前 2000 年前后，这一地区产生了被认为是夏文化的二里头文化，而偃师二里头遗址被认为是夏王朝的中心都邑。

根据历史记载，夏禹把王位传给了儿子启，以世袭制代替了部落社会的禅让制，标志着中国历史上第一个家天下时代的开始。此后几千年的中国历史，就以中原地区为舞台核心展开了。这个基础最晚在龙山时代就已经奠定好了。

20 世纪 90 年代之后，在传统看法认为远离中原地区的成都平原相继发现了九座龙山文化城址。其中，宝墩城址达二百多万平方米，设有内外三重围壕，可与中原陶寺文化的陶寺城址、良渚文化的良渚文化古城相匹敌，表明那里也于公元前 2500 年前后，开始了文明化进程。

无独有偶，黄河上游的齐家文化年代稍晚于中原龙山文化，虽然没有发现城址，但却出土了冶铜制品，还发掘出体现男尊女卑理念的合葬墓，反映出当时的齐家文化已经不是一个平等的氏族社会，已经开始向文明社会迈进了。

然而，有趣的是，尽管大约在公元前 2500 年，许多地区都不约而同地加快了文明化进程的步伐，有的甚至已经跨入了初级文明社会的门槛，可是，这些文明在经历了辉煌之后，大都难逃衰亡的命运，只有中原地区文明化的过程不曾中断，从仰韶文化到龙山文化，经新砦期文化发展成为二里头文化，一波三折地逐渐演变为中国文明的核心区。

中国社会科学院考古研究所研究员 许宏

回眸近几十年来我国学者探索中华文明起源与形成的历程，人们会看到：是龙山文化的发现，以"龙山文化与仰韶文化东西二元对立说"颠覆了"仰韶文化西来说"；又是考古发现的龙山时代邦国文明遍地开花，以"满天星斗说"取代了"中原唯一起源说"。然而经过"百川归海""多元一体"而形成的中华文明，无疑仍是以中原地区为核心的。

中原地区之所以能够成为核心，从地理上讲，这里拥有丰富的环境资源，不至于像红山文化那样日益因自然环境的突变而导致文化衰落，但也不像长江流域那样优越，社会分化不大容易充分展开。在日益频繁的军事活动和动荡不安的社会环境中产生的军事领袖，带有更多的务实和军事色彩，为了巩固自己的地位，中原社会的军事贵族们开始设法建立一套新的社会秩序，其经验来自周围的地方文明。于是，在中原龙山文化中出现了主要是来自长江流域和黄河下游地区的众多文化因素，并且，这里居天下之中，为八方辐辏之地，来自四面八方的各种文化、思想以及政治经验交汇融合，是其他各地区所不能比拟的。

中原地区之所以能够成核心，还有一个环境的原因，就是气候的突变给夏王朝的诞生提供了外部条件。据研究，在公元前2000年左右有一次大范围的气候事件，这也成为中原文明诞生的催化剂。传说中的大禹利用这一千载难逢的机会，治水成功，提高了中原领袖的威望，加强了权力，以至于对诸侯握有生杀予夺的权力，一个名副其实的国家——夏王朝诞生了，从而揭开了夏商周三代青铜文明的帷幕，中国文明正式形成。

古史传说

明《三才图绘》盘古像

"自从盘古开天地,三皇五帝到如今",这句诗广为流传,近乎妇孺皆知。但这里提到的盘古是何许人也,竟有如此的神力?三皇究竟是哪三个?五帝又是哪几个人?如果细究起来就不那么容易找到正确的答案了。

这是因为,在文字发明以前,人们只能以口耳相传的方式来保存和流传历史。发明文字以后,这些内容才被记录下来,成为文献中的古史传说。古史传说中,有些可能是关于远古时代的朦胧记忆或想象,有些则属于古人对宇宙和自然的一种解释,我们不能不加分析地全部信以为真。当然,这些古史传说中毕竟含有真实的历史素地，不是古人的无端捏造，如果将其与考古学资料结合起来，对于复原远古历史，将会发挥积极的作用。可喜的是，在考古学日益发展的今天，我们越来越有条件做到这一点。

三皇五帝与疑古思潮。在中国流传的三皇五帝说法中，一般认为，所谓"三皇"是后人对荒远古代的一种推想，并非真实存在的历史；而"五帝"则可能实有其人其事。不过，"五帝"说大约形成于战国时期，各家所说不尽相同。

司马迁撰写的《史记》以黄帝、颛顼、帝喾、帝尧、帝舜为五帝，也许是因为司马迁认为这几个人的事迹比较可信。其实别的古书中还有许多帝，只是后来人们用千古一系的思想整理古史，把本来比较复杂的情况简单化了。

直到20世纪初，受疑古思潮的影响，一些学者对传说资料进行了一个大清理。由于传说资料中充满自相矛盾和难以说通的地方，从而引起一些学者的怀疑，这种态度本来是正确的，遗憾的是，部分学者疑古疑过了头，竟发出东周以上无古史的奇谈。实际上，虽然古代传说杂以神话，系口耳相传，时间越久越失真，可是，它们大都具有真实历史素地，并非完全向壁虚构，只要批判地分析这些传说资料，剥开神话的外衣，是可以找出真正历史的核心的。

不过，仅从传下来的文献材料来了解传说时代是不行的，还必须依赖考古学的研究。顾颉刚先生早就了解了这一点。可喜的是，经过七八十年的发展，中国考古学成就今非昔比，诚如已故著名考古学家苏秉琦先生所言："在我国古籍中有许多关于远古时代的传说，过去有不少学者进行过研究，徐旭生等进行过系统整理，不过那时史前考古学尚未充分发展起来，无法同考古学资料进行比照，现在考古学已有了长足发展，使得传说资料反而只起参照的作用。"

中国的神话传说，大致可以分为开辟神话、三皇神话和五帝传说等内容，其中，五帝的传说中有不少历史的真实素地。

开天辟地和创造人类——盘古和女娲。中国关于开天辟地和创造人类的神话，有盘古和女娲的故事。

盘古的故事较早见于三国徐整的《三五历记》，书中写道："天地混沌如鸡子，盘古生其中，万八千岁。天地开辟，阳清为天，阴浊为地。盘古在其中，一日九变，神于天，圣于地。天日高一丈，地日厚一丈，盘古日长一丈。如此万八千岁，天数极高，地数极深，盘古极长。后乃有三皇。"

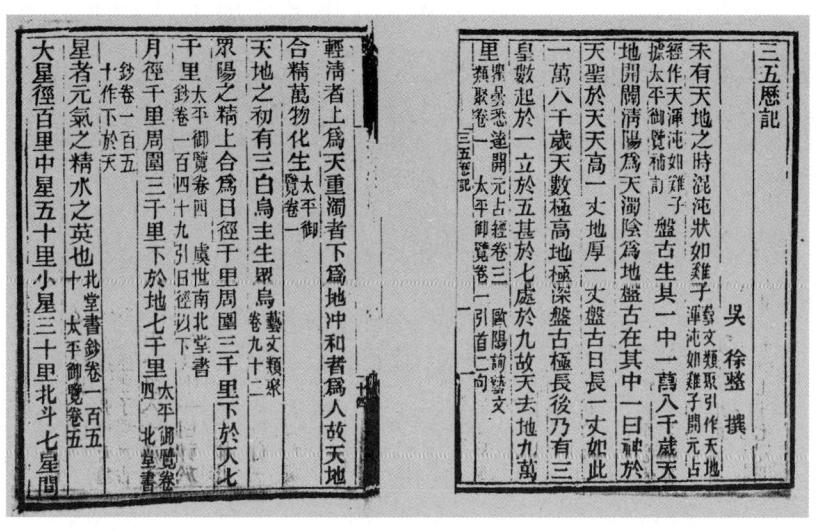

《三五历记》书影

《五运历年纪》又说:"元气蒙鸿,萌芽兹始。遂分天地,肇立乾坤。启阴感阳,分布元气。乃孕中和,是为人也。首生盘古,垂死化身:气成风云,声为雷霆,左眼为日,右眼为月,四肢五体为四极五岳,血液为江河,筋脉为地里,肌肉为田土,发髭为星辰,皮毛为草木,齿骨为金石,精髓为珠玉,汗流为雨泽,身之诸虫,因风所感,化为黎甿。"

盘古开天地的说法是中国先民对世界形成的看法,其所云"天地混沌如鸡子""元气蒙鸿"之类的描述倒与现代宇宙大爆炸理论有某些相近之处。

传说是女娲创造了人类。女娲的故事出现得较早,《山海经》中有所谓"女娲之肠"。《楚辞·天问》曰:"女娲有体,孰制匠之?"是说如果是女娲创造了人类,谁又创造了女娲呢?《太平御览》卷七十八引《风俗通》云:"俗说天地开辟,未有人民。女娲抟黄土作人。"一说女娲和伏羲为兄妹,人首蛇身,兄妹结婚以繁衍人类。在汉代的画像石和画像砖以及壁画墓中,多有伏羲、女娲人首蛇身相互交尾的图像,说明女娲创造人类的故事广泛流传。

女娲补天的故事,几乎家喻户晓,首见于《淮南子·览冥训》:"往古之时,四极废,九州裂,天不兼覆,地不周载。火燻炎而不灭,水浩洋而不息。猛兽食颛民,鸷鸟攫老弱。于是女娲炼五色石以补苍天,断鳌足以立四极,杀黑龙以济冀州,积芦灰以止淫水。苍天补，四极正，淫水涸，冀州平，狡虫死，颛民生。"

据四川出土的东汉画像砖《伏羲和女娲》图，人首蛇身的伏羲女娲像，上身相拥，两尾相交系结，表明伏羲、女娲是造人类、掌婚姻、司生育的生命之神。在古史传说中，女娲不仅是人类的缔造者，而且还给人类创造了一个良好的生存环境，难怪受到人们世世代代的敬仰。

东汉画像砖《伏羲和女娲》，四川郫县出土。

三皇神话。在传统史学中，中国的历史自三皇五帝开始。三皇五帝作为一个专有名称，出现在战国时代，《周礼》《庄子》和《吕氏春秋》等书中都有"三皇五帝"这一概念。那么，三皇到底是哪三位呢？这在古代文献中说法不一。东汉末年，王符在《潜夫论·五德志》中无可奈何地说："世传三皇五帝，多以伏羲、神农为二皇，其一者或曰燧人，或曰祝融，或曰女娲，其是与非，未可知也。"

流传下来的"三皇"版本至少有六种：（1）天皇、地皇、泰皇；（2）天皇、地皇、人皇；（3）伏羲、女娲、神农；（4）伏羲、神农、祝融；（5）伏羲、神农、共工；（6）燧人、伏羲、神农。可见，所谓"三皇五帝"是用以表述社会历史的推移和递进的笼统概念，表达了一种社会发展的历史观。其中三皇中有关有巢、燧人、伏羲和神农的传说，分别反映了旧石器时代晚期和新石器时代早期的某些社会特征。

关于有巢氏，《韩非子·五蠹》曰："上古之世，人民少而禽兽众。人民不胜禽兽虫蛇。有圣人作，构木为巢，以避群害，而民悦之，使王天下，号之曰有巢氏。"《庄子·盗跖》曰："古者禽兽多而人少，于是民皆巢居以避之。昼拾橡栗，暮栖木上。故命之曰有巢氏之民。"说的都是农业发明之前，亦即旧石器时代的事情。有关巢居，在非洲一些原始部落中可以找到，在中国一些岩画里也可以看到，应该是发明房屋之前的事情。

关于燧人氏，《韩非子·五蠹》曰："上古之世，……民食果蓏蚌蛤，腥臊恶臭而伤害腹胃，民多疾病。有圣人作，钻燧取火以化腥臊，而民说之，使王天下，号之曰燧人氏。"相传燧人钻燧取火，使人民懂得食用熟食，从而告别了茹毛饮血的时代。"钻燧取火"属于人工取火。现在中国云南西盟佤族、海南黎族仍然在使用一种类似的取火方法，在木头上挖凹穴，旁边放上引火物，用木、竹钻棒在凹穴中快速搓转，一旦飞出火花落入引火物中，就可以吹出火焰。

钻燧取火的前提是不仅要对燃烧条件有充分的掌握，对木料质地有充分的认识，还要掌握磨、钻、锯等工艺，然后才有可能发明这种方法。考古发现证明，正是在旧石器时代晚期发明了磨制、钻孔和锯的技术，因此，

新石器时代灰陶火种罐，内蒙古鄂尔多斯市准格尔旗白泥窑子出土。

燧人氏"钻燧取火"的传说,反映的应该是旧石器时代晚期的社会生活。像有巢氏一样,燧人氏实为一个"指示时代的名词"或"文化符号",而不应将之视为某一个人或某一族的名称。

源自中国远古时代的八卦图,迄今在世界各地广为流传,传说是伏羲发明了八卦。《易·系辞下传》云:"古者包牺氏之王天下也,仰则观象于天,俯则观法于地,观鸟兽之文与地之宜,近取诸身,远取诸物,于是始作八卦,以通神明之德,以类万物之情。作结绳而为网罟,以佃以渔,盖取诸《离》。"可见,传说中的伏羲文化特征主要有两个方面:一是教民渔猎,结网捕鱼;二是"始作八卦"。单就渔猎经济而论,可以早到旧石器时代早期和中期。看来,结网捕鱼至少可以追溯到距今一万年前的旧石器时代中期。然而伏羲除教民渔猎之外,还"始作八卦",说明当时已出现了原始、朴素的逻辑思维和辩证思维。因而,伏羲氏时代的渔猎经济大体应与旧石器时代晚期较高级的渔猎经济相对应。

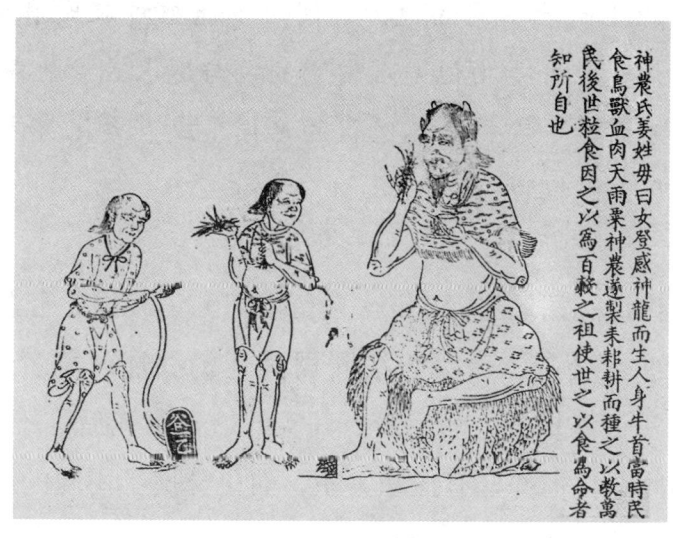

《神农教稼》

传说神农发明了农业。《易·系辞下传》曰："包牺氏没，神农氏作。斫木为耜，揉木为耒。耒耨之利，以教天下。"但是考古发现告诉我们，发明农业与在农业生产中使用耒耜农具是两个不同的阶段。农业的发明亦即农业的起源是在新石器时代早期发生的事情，中国新石器时代早期距今大概一万二千年至九千年；而使用耒耜的初级耜耕农业或锄耕农业，到距今七八千年前的新石器时代中期才出现。所以，神农氏的传说反映的是农业起源和新石器时代中期的事。

中国社会科学院考古研究所研究员 赵春青

中国的原始农业分为北方的粟黍旱作农业和南方的稻作农业两大系统，在黄河流域、长江流域和华南各地都可以看到属于农业起源阶段的新石器时代早期遗址。中国的农业不可能起源于一地，它起源于南北不同的地方，因此不能把神农氏看成是一个人，也不能说农业是由他一人发明的。与燧人氏、伏羲氏一样，神农氏也应视为一个"指示时代的名词"或"文化符号"，他们都是伟大历史进程的一种概括。

五帝传说。司马迁《史记·五帝本纪》记载的五帝是：黄帝、颛顼、帝喾、帝尧、帝舜。按照司马迁的叙述，黄帝为五帝之首，其余四帝都是黄帝的后裔。其实，这五帝先后称雄，应该没什么大的问题，但并非有血缘关系，而是分属于不同的族团。

考古学也表明，上古时期中华大地上的新石器文化星罗棋布，创造这些新石器文化的氏族部落林立，这些部落后来组合成几个大的部族集团。司马迁是受了大一统观念的影响，将原本属于不同系统的部族领袖人物或部族集团，安排构筑在一个朝廷里，或者描写成具有血亲关系，这种千古一系的家谱式的做法，脱离了历史的实际。

今天我们面对《五帝本纪》中的"黄帝—颛顼—帝喾—尧—舜"这一谱系时，不必拘泥于这些传说人物是否具有血缘上的祖孙关系，不妨把他们看成是不同的部族族团称霸一方的先后早晚关系。

中国古史传说的人物当中，最著名的首推黄帝和炎帝。在先秦古籍中，炎黄每每并称。《礼记》《吕氏春秋》《淮南子》等书所载的五帝，也是把炎帝包括在内的。所以，黄帝时代也被称为炎黄时代。《国语·晋语》说："昔少典氏娶于有蟜氏，生黄帝、

汉画像砖中的黄帝形象

炎帝像

炎帝。黄帝以姬水成，炎帝以姜水成。成而异德，故黄帝为姬，炎帝为姜。"按照这个说法，黄、炎两族是从互通婚姻的少典氏和有蟜氏繁衍出来的。

中国上古时代，人名、族名和地名常常合而为一。黄帝号称轩辕氏，又号称有熊氏。轩辕氏即天鼋氏，以大鳖为图腾。有熊氏以熊、虎等猛兽为图腾。《史记·五帝本纪》记载黄帝与炎帝在阪泉之野作战时，曾用以兽为名的六支不同图腾的军队：熊、罴、貔、貅、䝙、虎，这也说明所谓有熊氏乃图腾之名称。此外，相传黄帝有二十五宗，有姬、酉、祁、己、滕、葴、任、荀、僖、姞、儇、衣十二姓。二十五宗即二十五个氏族，十二姓即十二个胞族，所以黄帝族实为一个庞大的部族集团。轩辕氏与有熊氏以及二十五宗与十二姓，都统一在黄帝的名下，可见在"黄帝"这一名号中，实际上存在着部族融合的情形。炎帝族的情况也是这样。炎帝为姜姓，而相传炎帝又号称连山氏、烈山氏等，炎帝一名也是部族融合的产物。这种部族融合的进一步发展，后来就成为以黄帝族和炎帝族为主体，融合其他诸多部族而形成的华夏民族。

黄帝的事迹甚多，他首先是一位取得了赫赫战功的军事领袖，先后打败炎帝和蚩尤，于是诸侯都尊他为天子。战争的胜利使他成为无可争辩的领袖，黄帝第一个建立了政权，官名皆以云命，"置左右大监，监于万国"，"举风后、力牧、常先、大鸿以治民"，这与那种基于血缘关系建立起来的氏族、部落乃至部落联盟大不相同。过去常说中国有五千年文明史，大抵就是从黄帝算起的。

明绘本《黄帝神像》

1988年，考古工作者在河南濮阳西水坡遗址发掘出一座用蚌壳堆塑出的龙虎图案的墓葬，有人认为其墓主人有可能是传说中的颛顼帝。

颛顼是继炎黄之后的五帝之一。相传颛顼的居住地在"帝丘"，即今河南濮阳。传说共工与颛顼为邻，争为帝，后来颛顼击败共工，才登上帝位。

颛顼时，发生了著名的重和黎"绝地天通"的原始宗教变革。《国语·楚语》记载，颛顼让南正重"司天以属神"，又让火正黎"司地以属民"，以达到"绝地天通"。这是说，南正重和火正黎作为颛顼时设立的祭司兼管理人员，只有通过他们才能沟通神与民、天与地，从而把原始宗教祭祀变成了只限于少数神职人员的事情，改变了以前家家有巫、人人都能与神灵交往的局面。这种神职人员的出现，意味着一个祭司兼管理阶层的形成，是文明化进程中值得关注的现象之一。

颛顼与帝喾

颛顼与帝喾之后是尧舜禹时期。大约距今四千年前，黄河流域进入了尧舜禹时代。《尚书·尧典》和《史记·五帝本纪》等记载，尧舜禹时的王位更替，实行一种"禅让"制度。尧年老的时候，让邦国联盟内的"四岳"推举继承人，大家一致推举舜。舜正式继位前，曾把权力让给尧的儿子丹朱，自己避居于南河之南。然而天下诸邦和民众却不信任丹朱，而拥戴舜，这样，舜才正式继位。

舜执掌了邦国联盟后，命禹为"司空"，主持治理洪水、平定水土；命弃为"后稷"，主持谷物播种和生产；命契为"司徒"，主持教化；命皋陶为"士"，主持刑罚。禹是夏族始祖，弃是周族始祖，契是商族始祖，皋陶是东夷人。当时的邦国联盟还没有发展成王朝，禹、弃、契、皋陶等人并不属于"同朝为官"。因此，这些官职的任命未必实有其事，但却反映了舜与诸邦的广泛联系，也反映了当时邦国联盟的构成情形。舜年老的时候，决定将权位让给禹，禹正式即位前，也是谦让，提出把权位让给舜

古史传说

的儿子商均，自己避居于阳城，但是诸邦依然拥戴禹，禹这才正式继位。

这实际上是这一时期特有的一种历史现象。在尧舜时期，各地已产生邦国，并出现邦国联盟。尧、舜、禹最初都是各自邦国之君，也先后担任过中原地区邦国联盟的盟主。尧舜禹禅让传说，描述了盟主职位在邦国联盟内转移和交接的情形。

关于尧舜禹之间权位的转移，还有另外一种"篡夺"的传说。古本《竹书纪年》记载："舜囚尧于平阳，取之帝位。"《韩非子·说疑》说："舜逼尧，禹逼舜，汤放桀，武王伐纣，此四王者，人臣弑其君者也。"《孟子·万章上》也说："（舜）居尧之宫，逼尧之子，是篡也，非天与也。"尧舜禹相互争斗的传说，从一

帝尧像

帝舜像

个侧面反映了中原地区各个邦国之间势力消长的关系。这种情形与史书用"万邦""万国"来称呼尧舜禹时期的政治实体是一致的。我们可以看到,尧舜禹是双重身份,他们首先是本邦本国的邦君,又都曾担任过邦国联盟的"盟主",亦即"霸主"。夏商周三代之君"天下共主"的地位,就是由尧舜禹时期邦国"盟主"或"霸主"转化而来的。

关于尧舜禹的继承是禅让还是篡夺,周代末年同时流传着这两种说法,这两种说法同时并存的事实,正是部落酋长由"传贤"制向"传子"制过渡的真实反映。尧舜禹至少在形式上还是执行着民主制度,而夏禹则经过了一番曲折斗争的过程,最后实行传子制,从此,兄终弟及、父死子继的世袭制取代了具有民主色彩的禅让制,开创了中国世袭王朝统治的源头。

古史传说与考古学实证的有机结合。根据古史传说,大约五帝时代,在黄河、长江流域曾经居住着许多部落和部落联盟。历史学家很早就开始注意对这些传说材料进行梳理。其中,蒙文通注意到不同传说出自不同的史学系统,他根据各系所传承的古史系统,将各地居民相应地分为河洛民族、海岱民族和江汉民族三大集团;而徐旭生的《中国古史的传说时代》将其划分为华夏集团、东夷集团和苗蛮集团的说法,对学术界的影响更加广泛。

这种划分虽然难以准确,但是,与考古学文化系统的划分相对应,的确反映了一定的历史真实。结合考古学证据得知,蒙文通和徐旭生划分的三大集团分别与考古学文化的中原文化区、海岱文化区和长江中游文化区相对应。

一般认为，仰韶文化—河南龙山文化属于华夏集团先民的遗存，而大汶口文化—山东龙山文化为东夷集团先民的遗存。东方有太皞（或作太昊）、少昊、蚩尤等族团。文献记载"卫，颛顼之虚也，故为帝丘"，所说的地方在今河南濮阳，正是东方和中原两大部族集团分布的邻接地区，也是考古学上东方的大汶口文化与中原的仰韶文化的交汇地区，恰可与上述传说相印证。

根据考古学发现可以得知，这三大文化区，至少在新石器时代中期，已经形成文化区的雏形。其中，在中原地区，自新石器时代中期至夏代以前的文化发展关系为前仰韶文化（含河南中西部的裴李岗文化、河北南部的磁山文化和渭水流域的老官台文化）、仰韶文化、中原龙山文化；海岱地区的史前文化顺序是后李文化、北辛文化、大汶口文化和典型龙山文化；长江中游地区则是彭头山文化、城背溪文化、大溪文化、屈家岭文化和石家河文化。这三大区域的史前文化奠定了中原与东方、南方的关系。

到了距今六七千年的仰韶文化前期，特别是相当于庙底沟类型的时期，中原影响东方和南方的势头明显，具有标志性的中原地区庙底沟类型的彩陶图案和陶器影响到大汶口文化和大溪文化的腹地。到了距今五六千年的仰韶文化后期，中原势力减弱，而东方和南方势力崛起，纷纷挺进中原腹地，以至于在郑洛地区可以见到大汶口文化晚期的墓葬和屈家岭文化风格的陶器。到了距今四五千年的龙山时代，中原再度崛起，成为中国史前文化多元一体有核心格局中的中心地区。中原与东方海岱文化和南方长江中游文化区的这种曲折复杂的关系，正好是古史传说中三大集团关系的映照。

当然，在新石器文化区系的划分中，不止这三个文化区，苏秉琦曾经划分为六个，严文明划分为十二个，可见，历史的真实情况要比传说复杂得多，只有把古史传说与考古学实证有机地结合起来，才能复原上古史的真貌。

反映各民族关系的事件中，最有影响的是关于战争的传说。较早的是黄帝、炎帝联合，与东夷蚩尤的一次战斗。大致是说，炎帝族与蚩尤族发生战争，炎帝族战败，求救于黄帝族。于是黄帝使"应龙畜水"，用以淹没蚩尤的军队。蚩尤乃请风伯和雨师，破坏了应龙的水阵。黄帝又请来旱神女魃，使天放晴。后来，终于战胜蚩尤，擒杀蚩尤于冀州之野。

黄帝与蚩尤的战争在考古学中的反映可以从仰韶文化晚期与大汶口文化晚期的关系上得到一些印证。

蚩尤战败后，黄帝与炎帝又发生了一次战争。地点在阪泉之野。史载，黄帝乃与炎帝"战于阪泉之野，三战然后得其志"。此后，以黄帝为首领的部落联盟成为黄河流域最强大的部落联盟。

画像砖上的《黄帝战蚩尤》

古史传说

年代稍后的战争，是黄、炎集团与南方的三苗集团的冲突。《左传·昭公元年》有"虞有三苗"的说法。较晚的是尧舜禹连续征伐三苗的战争。《吕氏春秋·召类》有"尧战于丹水之浦，以服南蛮"。《墨子·非攻下》载："昔者有三苗大乱，天命殛之，日妖宵出，雨血三朝，龙生于庙，犬哭乎市，夏冰，地坼及泉，五谷变化，民乃大振。高阳乃命玄宫，禹亲把天之瑞令，以征有苗。四电诱祗，有神人面鸟身，若瑾以侍，搤矢有苗之祥。苗师大乱，后乃遂几。禹既已克有三苗，焉磿为山川，别物上下，乡制大极，而神民不违，天下乃静。"

《史记·五帝本纪》云："三苗在江、淮、荆州，数为乱。"《尚书·吕刑》曰："苗民弗用灵，制以刑，惟作五虐之刑曰法，杀戮无辜。"至于征伐三苗的故事，则可以从中原地区自仰韶文化晚期以来直到龙山文化对长江中游屈家岭—石家河文化势力消长中得到一些印证。

在传说时代的各项事件中，大禹治水的故事流传最广。《诗经·商颂·长发》云："洪水茫茫，禹敷下土方。"《孟子·滕文公上》更有生动的叙述："当尧之时，天下犹未平，洪水横流，泛滥于天下。草木畅茂，禽兽繁殖，五谷不登，禽兽逼人。兽蹄鸟迹之道，交于中国。尧独忧之，举舜而敷治焉……禹疏九河，瀹济漯而注诸海；决汝

《神农氏尝药辨性》

汉,排淮泗而注之江,然后中国可得而食也。当是时也,禹八年于外,三过其门而不入。"

治水成功使大禹成为众人传颂的英雄,以致某些古代文献把他描述为神。

在古史传说中,常见有某帝发明了某物的创制传说。比如炎帝,一说即神农氏,发明了农业、医药和陶器;《史记》和《淮南子》则记载了神农尝百草,以草药治病救人的故事。

炎帝的后裔中,有一支是烈山氏,其子名柱,会种植谷物、蔬菜,被后人尊奉为稷神——谷物神。炎帝后裔的另一支共工氏,其子后土,治理洪水成功,被后人尊奉为社神——土地神。此后,社神、稷神成为农业社会的最高神祇,西周以来受到人们普遍祭祀,以后又把"社稷"引申为天下、国家之义,具有至高无上的地位。

在创制传说中,关于黄帝的发明传说是多方面的。比如传说他发掘首阳山的铜矿,加以冶炼,铸成铜鼎;并且铸造十二铜钟,和以五音,可以演奏音乐。再如,传说他用树木制造船、车,用于运输;也有的说他发明缝纫,制作衣裳;还说他发明历法,派人到四境

清刻本《命官授时图》

观察天象，确定春夏秋冬四季，按照四季的变化播种百谷草木，等等。

按照《世本·作篇》的说法，还有更多的人物参与了创造发明，如伯余作衣裳，史皇作图，仓颉作书，昆吾作陶，祝融作市，化益作井，蚩尤以金作兵，鲧作城，尧作宫，奚仲作车，夔作乐等，涉及人们的衣食住行、社会生活、文物典章制度等各个方面。这些创制传说，往往把某一项甚至某几项发明，归功于神通广大的某个人，不一定正确，而且有些说法相互矛盾，所以不可全信。如果把这些发明看成是时代的产物，且与考古发现相参照，就可以看出这些发明并非向壁虚构。传说时代拥有那么多的发明创造，可见当时是一个社会发生深刻变革的时代，是充满发明创造的时代，是中国文明曙光初露的时代。

夏王朝觅踪

开封禹王台石刻画
《治水庆功图》(局部)

1959年,著名历史学和考古学家、中国科学院考古研究所研究员徐旭生先生在河南偃师县西边的一处名叫二里头的村庄进行考古调查时发现,漫天遍野的古代陶片连绵不断,连接着好几个村子,遗址范围之大,远远超出了人们的想象,他断言眼前的这处二里头遗址"在当时确为一大都会"。正是徐旭生先生的这次豫西考古调查拉开了从考古学上探索夏文化的序幕。他发现的二里头遗址经过日后数十年持续不断的发掘已经成为举世闻名的探索夏文化的圣地。

出土文献及传世文献中有关夏朝的记载。商王朝的真实性，因殷墟甲骨文的发现和研究以及殷墟等一系列考古发现而得到证实，商代史已经成为毋庸置疑的信史。然而，对于夏代的真实性，仍有个别海外学者持怀疑态度，这让人想起了早已过时的"大禹是条虫"的论调。其实，不仅先秦文献中屡屡提及夏代的存在，而且在周代的青铜器铭文中已经提到禹和夏。

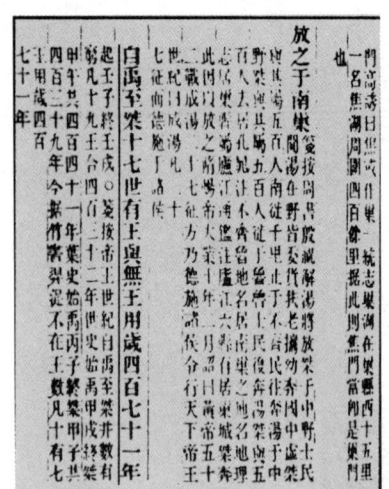

《竹书纪年》中有关"自禹至桀十七世，用岁四百七十一年"的记载。

春秋时期齐国青铜器叔夷钟，该器铭文在追述成汤的功勋时，称汤"尃受天命，□伐夏祀，……咸有九州，处禹之堵（土）"。更早的西周中期青铜盨，铭文为："天命禹（敷）土，堕山濬川"。周代青铜器的铭文，未曾受后人的影响，因而无可质疑。

《竹书纪年》中有关于"自禹至桀十七世，用岁四百七十一年"的记载。

在我国古代典籍中有关夏朝的记载，比比皆是。如《尚书·召诰》："我不可不监于有夏，亦不可不监于有殷。"《尚书·多士》："惟尔知，惟殷先人有册有典，殷革夏命。"《国语·周语上》："昔伊洛竭而夏亡，河竭而商亡"，"昔夏之兴也，融降于崇山"。《国语·周语下》："其在有虞，有崇伯鲧。"《左传·哀公七年》："禹合诸侯于涂山，执玉帛者万国。"

司马迁在《史记·夏本纪》中甚至还比较详细地记载了夏朝的世系。《史记·夏本纪》云："夏后帝启，禹之子，其母涂山氏之女也。……夏后帝启崩，子帝太康立。……太康崩，弟中康立，是为帝中康。……中康崩，子帝相立。帝相崩，子帝少康立。帝少康崩，子帝予立。帝予崩，子帝槐立。帝槐崩，子帝芒立。帝芒崩，子帝泄立。帝泄崩，子帝不降立。帝不降崩，弟帝扃立。帝扃崩，子帝廑立。帝廑崩，立帝不降之子孔甲，是为帝孔甲。……孔甲崩，子帝皋立。帝皋崩，子帝发立。帝发崩，子帝履癸立，是为桀。"

禹王像

按照这一说法，夏代是从夏禹开始到桀灭亡，共有十四世十七王，刚刚结束的夏商周断代工程，将夏代的起讫年代推定为约公元前2070—公元前1600年，是目前中国学界关于夏代年代最权威的说法。

"公天下"变为"家天下"的历史性转变。按照文献记载，禹之子为启，传说启生于嵩山脚下的启母石，不过，关于启继承禹的传说不尽一致。有的说禹当时曾经举荐皋陶为继承人，皋陶为东方夷人。皋陶先卒，又举其子益为继承人，可是禹死后，人民"不归益而归启"，这是说禹传启时曾经沿袭以往的禅让制。有的说禹的继承人是益，后来"启与友党攻益而夺天下"。有的说禹死后，其子启继位，"益干启位，启杀之"。《史记·夏本纪》

夏王朝觅踪

启母石

启降生传说

还说：由于"启即天子位"，而"有扈氏不服，启伐之，大战于甘"。这说明，夏初的传子制度并未牢固确立，但是，不管怎么说，从禹到启实现了由"公天下"变为"家天下"的历史性转变，这是古代政治制度的一大变革。

夏朝的建立并非一帆风顺，据文献载，夏朝建立不久，就遭遇了太康失国、后羿代夏的事变，到少康时才得以复国，史称"少康中兴"。

据说启死后，继位的是太康、仲康等兄弟五人。《史记·夏本纪》称："太康失国，昆弟五人须于洛汭，作五子之歌。"太康失国的原因，据说是他盘于游田，不恤民事，这时，东夷善射的有穷氏的酋长羿，乘机取而代之。《左传·襄公四年》说："后羿自鉏迁于穷石，因夏民以代夏政。"后羿当了夏族的首领，把太康驱逐出境，不得返国。可是，为时不久，羿也因荒于田猎，被其大臣寒浞所杀，寒浞还占有了羿的妻妾和家业。

后来夏的仲康及其儿子相，逃奔同姓部落斟寻与斟灌（今河南巩县西南一带），寒浞来攻，灭相。幸喜相妻后缗方娠，逃奔到母家有仍氏（有人说在河北任县），生子少康。少康年长，做了有仍的牧正，后又被寒浞之子浇所逼，逃奔到有虞氏（今河南虞县），为有虞庖正。虞君妻之二女，叫他在纶邑经营。后来，寒浞又因"纵欲""康乐""不德渔民"，失掉了人民的支持，少康则因"能布其德"，得以收集夏部族的余众。他的老臣靡遂靠了有鬲氏和夏部族的遗民，起兵攻灭了寒浞。后来，少康又灭浇于过，少康的儿子杼灭豷于戈，恢复了夏政，史称"少康中兴"。

后羿射日图

少康复国以后，国势渐趋稳定，此后，虽然诸夷时有乖叛，但是总的趋势是"世服王化，遂宾于王门，献其乐舞"。少康中兴以后，在夷夏斗争中，中原的夏王朝占绝对优势，夏王常常"东狩"或"东征"，夷人常要"来御"或"来宾"。由于夏王朝在中原地区，在全国的地位凸显出来，从而对中华文明的发展具有十分深远的影响。

少康以后传六世到孔甲，据说他"好方鬼神，事淫乱"，故"夏后氏德衰，诸侯畔之"，夏王朝开始走下坡路。此后，只有在帝发时代出现过短暂的辉煌，一度"诸夷宾于王门，……诸夷人舞"，恢复了往日气象。不过，为时不久，到了其子桀时，据说当时的夏部族内部"武伤百姓，百姓弗堪"，外部"为有仍之会，有缗叛之"。商汤趁此机会，剪灭夏族的许多部落，夏桀被放逐于南巢而死，夏朝灭亡。关于夏王朝灭亡的原因，也有"伊洛竭

夏王朝觅踪

而夏亡"的说法。

夏代这些颇为细致的记载和传说，说明夏王朝存在的真实性毋庸置疑，不过，夏王朝的都城究竟在哪里？它的领土范围有多大？哪些遗物是夏王朝遗留下来的？由于缺乏像甲骨文那样的夏代文字，仅靠文献的考证是不能解决问题的。最终还要靠考古学来说话，拿出地下发掘的事实来。这就是徐旭生先生来到豫西进行考古调查"夏墟"的动因。

二里头文化、新砦文化和部分河南龙山文化，目前被大多数学者视为夏文化的探索对象。安阳殷墟考古发掘证明曾经作为传说的商朝历史是可信的，从而印证《史记·殷本纪》有关商代的记载是可靠的。这就开辟出一条从考古学文化探索夏代历史的可行的路子。

虽然尚未发现像商代甲骨文那样多的夏代文字，因此，不易确定夏都之所在，但是根据文献记载，找出比商代文化年代更早、地域又在记载的夏王朝活动地域之内的夏代考古学文化则是可能的。

20世纪50年代末，人们不仅已经认识了商代晚期文化——殷墟小屯文化，而且发现了比殷墟文化更早的、商代早期的考古学文化——郑州二里岗文化。在此基础上，只要找到比二里岗文化更早、地域范围与文献所载的夏王朝活动范围相符合的考古学文化，就有可能是夏文化。

著名考古学家、北京大学考古系教授邹衡先生，即是按照这一思路，率先把二里头文化判定为夏文化。

文献记载中有关夏的活动线索涉及河南、山西、陕西、山东、内蒙古、安徽、湖北、四川、浙江等地，不过其中以河南中西部和山西南部为最多。这样，绝大多数学者相信，分布在豫西、晋南的年代上早于商代早期数百年的考古学文化有可能是夏文化。

经过数十年的考古发掘研究，最符合这一条件的是以河南偃师二里头遗址命名的二里头文化。

从文化序列上看，在河南目前已经建立起裴李岗文化——仰韶文化——龙山文化——新砦文化—二里头文化——二里岗文化的年代序列，其中，二里头文化早于商代早期的二里岗文化，晚于龙山文化，大多数学者认为二里头文化就是夏文化。

此外，从夏商都邑的比较中也可以判断二里头文化主体为夏文化。经甲骨文和考古学研究，殷墟为商代后期都城无疑，与之呈现前后演变关系的早期商文化可以追溯到以郑州商城和偃师商城为代表的商文化遗存，因此，郑州商城和偃师商城是早期商代都邑已经成为考古学界的主流意见。然而与偃师商城相距不远的二里头遗址却出土了一套完全不同的文化遗存，只是到了二里头文化的晚期才出现与偃师商城相类似的遗存，如果说偃师商城属于商文化系统，二里头文化的主体自然不能也属于商，结合文献记载，应该是比商文化更早的夏文化。

1996年启动的夏商周断代工程，经过多学科联合研究认为，二里头文化的年代上限达不到文献所在夏朝的起始年代即公元前21世纪或公元前20世纪，因此，早期夏文化已经进入龙山文化。此外，1979年发现的，经1999年、2000年重新发掘确认的"新砦文化"的年代早于二里头文化而晚于河南龙山文化，也被大多数学者视为探索夏文化的对象。

简言之，二里头文化、新砦文化和部分河南龙山文化，目前被大多数学者视为夏文化的探索对象。

二里头文化主要分布在河南中西部的郑州附近和伊、洛、颍、汝诸水流域以及山西西南部的汾水下游一带。

二里头文化有一组富有特色的陶器群。其中，有鼎、深腹罐、侈口圆腹罐等炊器，三足盘、深腹盆、平底盆、豆、刻槽盆、小口高领罐和大口缸等食器和容器，盉、鬶、爵等酒器。花边罐、深腹盆、甑、侈口罐等口沿下附加鸡冠扳，是这组文化的特色。

根据二里头遗址及其相关遗址的地层关系和器物类型的演变，可把二里头文化划分为四期。加上新砦期，可把二里头文化划分为五期。其中，新砦期和二里头文化第一期的最早遗存，保存了不少河南境内龙山文化的因素，自二里头文化第一期的后段开始，至二里头文化二期，二里头文化自身的文化面貌趋向成熟。到二里头文化第三、四期，各类原有器形继续沿用，但有局部变化，并出现了一些新器形，特别是到二里头文化的最晚阶段，一些器物与商代二里岗文化早期器物十分相似。

二里头文化通常分为河南中西部的二里头类型和山西南部的东下冯类型。后者以山西夏县东下冯遗址命名，虽然主要因素与二里头类型一致，但亦有明显差异。如东下冯类型的炊器以鬲和斝为主，而二里头类型则以夹砂罐和鼎为主。东下冯不见二里头类型的三足盘和刻槽盆，却另有蛋形瓮。东下冯类型分为早、中、晚三期,大体相当于二里头类型的第二至第四期,即总体比二里头文化要晚一个阶段,当是二里头文化向北拓展的结果。

夏代考古——二里头文化。二里头文化最具代表性的遗址就是徐旭生调查发现的河南偃师二里头遗址。二里头遗址位于河南省偃师市西南约九公里,南临古洛河,北部为今洛河所切断,以二里头村为中心,包括二里头、圪垱头和四角楼三个自然村。总面积约九平方公里(另有四平方公里和六平方公里之说)。遗址分四期(一说分五期),碳十四年代为公元前 1900—前 1600 年(一说为公元前 1900—前 1400 年)。

二里头遗址内部已经有明显的区划,由北部的祭祀区、中部的宫殿区和南部的手工业作坊区构成。其中,宫殿区遗址中心部位面积约三平方公里,宫殿区内最重要的建筑——宫城位于遗址东南部,方正规矩,宫殿建筑中轴对称呈封闭式结构,宫殿布局多进一体,大型建筑具有明确的中轴线规划。

二里头宫殿区建筑基址发掘现场

二里头一号宫殿主殿复原图

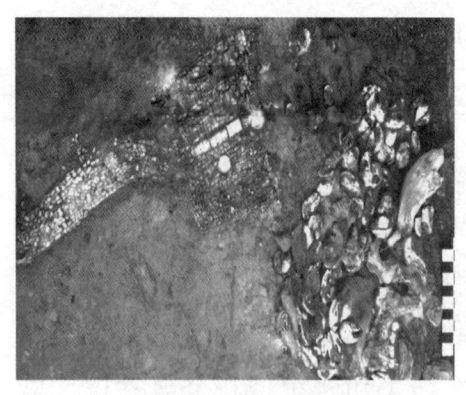
二里头出土的绿松石龙

二里头墓葬

宫殿基址已发现八座,其中,一号宫殿位于圪垱头和四角楼之间的高地上,面积一万余平方米。在中心大殿的前面有广庭,四周有回廊,南面有三座大门。复原为一座"四阿重屋"式的殿堂,建于二里头第三期,毁于第四期。

二号宫殿位于一号宫殿基址东北约一百五十米处,为一长方形的夯土台基,包括主体殿堂,东、南、西三面的回廊和四面的围墙,在南面围墙的中间偏东处有三间塾房,在东面围墙中间有一间东塾房。南面的门道及庭院,庭院的东北部和东南部各发现一处排水设施,组成一座完整的宫殿建筑,整体建筑已具备后世宫殿建筑体制的规模。

二里头遗址墓葬分化严重,其中,高规格墓葬已经发现数座,出土较多的随葬品,包括铜器、玉器、绿松石饰等,其中M3出土的一件绿松石龙,最为引人注目。

在二号宫殿主体殿堂的北面偏东处即主体殿堂与北墙之间,发现一座大墓,墓口长5.2—5.35米,宽4.25米,有二层台。因被盗掘,仅见少量漆皮、朱砂、蚌饰以及狗骨架和骨片等物,推测原来墓中的随葬品是相当丰富的。发掘者认为,这座墓葬当是墓主死后才埋入殿堂与北围墙之间的,可见死者身份不凡。

中国社会科学院考古研究所所长 王巍

墓葬出土物品说明礼制已经形成,特别是青铜礼器的有无和数量业已成为等级身份的核心表征物。在夏朝,等级分化已经非常明显。

在三号宫殿基址院内发现一座贵族墓(编号02VM3),墓口长2.24米,北部宽1.1米,残深0.5—0.6米,墓底铺朱砂,随葬品有铜铃、玉器和较多的漆器以及封顶盉、爵、鼎、豆、尊等十多件陶器。特别是发现一件由两千余片绿松石片组合成的龙形器,被誉为"中华第一龙"。

二里头遗址除宫殿区的大墓外,均为中小型墓葬。其中中型墓葬分布区位于圪垱头村北面,面积约为一万平方米。宫殿区中

二里头陶器

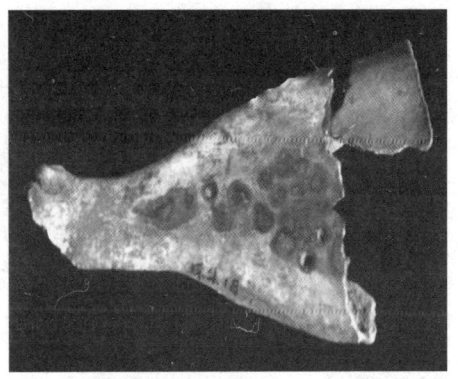

二里头占卜龟甲

还有大量的小墓,其中有相当多的朱砂墓,绝大多数的铜器、玉器、漆器、石器、象牙器、骨器、蚌贝饰和各种精美的陶礼器皆出于这些墓中,这些墓主生前有的当为平民,有的则可能为中等贵族成员。

二里头遗址具有高度发达的手工业,出土的青铜器如鼎、爵、斝、盉、戈、戚、镞、嵌绿松石铜牌饰等,玉器如圭、璋、钺、戚、戈和多孔石刀等,技艺精湛,不同寻常。

此外,在一些陶器当中,还有十分少见的硬纹陶、釉陶和造型精美的白陶、黑陶等,以及刻画或雕塑出的龙形图案,这些遗物绝非普通遗址所能具有。

二里头遗址宫殿区的四周还设有冶铸铜器、制作骨器和陶器的手工业作坊以及绿松石加工场。共有三处铸铜遗址、两处制骨遗址;其中,在新庄村以南即发现一处铸铜区,面积较大,发现有冶铸青铜器的遗存。

二里头遗址规模极大,发现有宫殿建筑、大型墓葬和各类手工业专业作坊,出土多种精美器物。据此可见,二里头遗址是二里头文化所有遗址当中规格最高的,表明它无疑是一处夏代的都城遗址。

中国社会科学院考古研究所研究员 赵春青

二里头遗址的年代是距今三千七百五十年到三千五百年,而史书记载的夏王朝的年代是距今四千多年到三千五百年,所以二里头遗址只能是夏中晚期的都城。

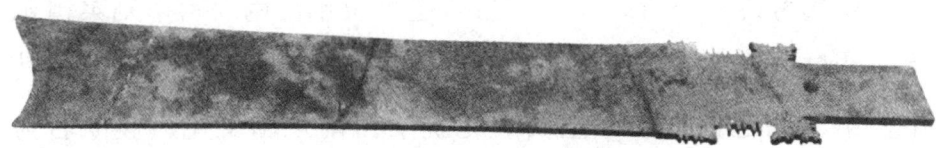

二里头玉器

二里头玉戈

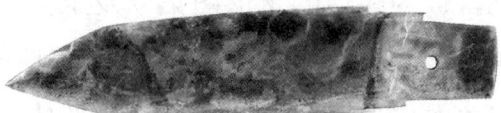

二里头玉圭

二里头铜爵

二里头骨仗

夏代考古——新砦文化。 新砦遗址位于河南新密市刘寨镇东南，经过近年来的重新发掘，确认其主体文化遗存分为三期，其中，第二期遗存早于二里头文化晚于河南龙山文化，被命名为"新砦期"，以新砦第二期为代表的文化遗存被命名为新砦期文化或新砦文化。新砦文化目前看来主要分布在嵩山东南地区，其中，最具代表性的遗址是新砦遗址。

新砦遗址面积达七十万到一百万平方米，大体呈方形，新砦期遗址具有内外两重防御设施，即外边的城墙和护城河，内部的壕沟。在内壕圈占的部位已经发掘出一座大型的浅穴式建筑，可能是文献记载的"墠"之类的祭祀遗迹。此外，还发现了与二里头遗址绿松石龙首极为相似的龙形图案以及玉圭、玉琮等高规格遗物。新砦遗址位于嵩山东南，相传这里有"启母石""夏启之居"等与夏启有关的传说，而新砦遗址又是新砦文化当中面积最大的遗址，文化内涵与二里头文化有着密切的渊源关系。因此，有学者把它视为探索夏代早期都邑的对象之一。

夏代考古——王城岗文化。 20世纪70年代，在河南登封告成镇王城岗发现了一座属于河南龙山文化时期的故城址，因附近不远处有一东周时期的城址，出土了刻有"阳城"陶文的陶器，联系文献记载，发掘者认为是禹都阳城所在地。不过，当时发掘出来的城堡面积只有一万多平方米，城内因遭后期破坏只留下一些奠基坑基址，没有见到宫殿之类的建筑，因而，遭到不少学者的质疑。2002年中华文明探源工程启动后，王城岗遗址再次被发掘，在原有小城的西北发现一处面积达三十多万平方米的大城，从年代上看,大城的年代稍晚于小城,经碳十四年代测定,大城的年代正好与夏代始年相符,于是,最近发掘者提出,小城为夏禹之父鲧所筑之城,大城才是禹都阳城。

夏文化探讨。1996年,考古工作者在河南洛阳皂角树遗址经浮选发现了谷、稻、麦、豆等粮食作物。特别是发现炭化小麦的消息迅速传遍了全世界。这是夏代遗址第一次出土小麦实物,它的发现再次使人们对夏代农业有了新的认识。

夏人主要活动地域是土壤肥沃、四季分明的伊洛河平原和晋南地区,从遗址出土的动植物材料中可以看出,这一时期气候偏暖,水量充沛,适宜农业的发展。长期的农业生产经验,使夏人总结出一套与农业密切相关的天文历法,后被司马迁称为《夏小正》。与殷历和周历相比,夏历更方便于农事。

王城岗遗址

尽管当时的农业工具主要承袭以前的石、骨、蚌和木制工具，器类主要有铲、刀、镰等，但就种植的农作物种类来说，据《夏小正》言，正月"农纬厥耒"，三月"祈麦实"，五月初昏大火中，"种黍、菽、糜，时也"。

此外，二里头文化遗址还经常出土渔猎工具如鱼叉、网坠等，并伴随出土有牛、羊、猪、狗、鹿等动物遗骸，说明当时的人们还从事渔猎活动，饲养的家畜有猪、狗、鸡、马、牛、羊等。

关于车舆的发明年代，在文献中最主要的说法是夏代，《世本》和《吕氏春秋》都说夏代的"奚仲作车"，目前虽然没有见到二里头文化时期的车舆实物，但却见到了车辙痕迹，可见那时的确已经有了车。

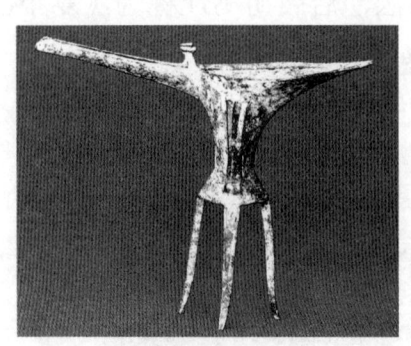

二里头文化乳钉纹爵

二里头陶器上的刻符

关于青铜器的铸造，《墨子·耕柱》说"昔者夏后开使蜚廉折金于山川，而陶铸于昆吾"，所铸之鼎"三（四）足而方"，用之"祭于昆吾之虚"。《左传·宣公三年》："昔夏之方有德也，远方图物，贡金九枚，铸鼎象物"，后因"桀有昏德，鼎迁于商"。《越绝书》云："夏人以铜为兵。"这些记载说明夏人铸造铜器之说已经流行于东周时期。

考古学研究证明，新砦期遗址即发现可能为铜流的铜器残片，此后，在二里头遗址发现了面积达万余平方米的铸铜遗址，内出有坩埚、铜渣、浇铸面等重要遗物，目前已经发现的铜器种类达十余种，计有鼎、爵、斝、盉、觚、戈、镞、钺之类的兵器以及其他青铜器，特别是铜爵需用复合范铸成，铸造工艺比较复杂，据电子探针测定其成分含铜92%至98%，锡1%至7%，说明二里头文化已经拥有相当成熟的青铜铸造工艺，是同时代发展水平最高的青铜时代文化，已经跨进了青铜时代。

夏代有没有文字呢？先秦文献征引的《夏书》《夏训》《夏小正》应当有对夏人典册的保存，在与夏文化有关的遗址中，目前，在二里头遗址陶器上发现了数十例陶器上的刻符，在王城岗遗址也发现了这一时期的陶器刻符，有学者认为这些刻符很可能是早期文字，分别表现数字、植物、建筑和器具等，也有学者认为这些刻符与后来的甲骨文有渊源关系，将其分别释为"矢""井""皿""丰""来"等象形字。专家们的解释尽管见仁见智，但是，有的刻符十分接近于甲骨文的造型，不排除属于原始文字的可能性。

中国社会科学院考古学研究所所长　王巍

我们现在在二里头，还没有发现有文字的证据，当然，我们也有期待。因为，商代甲骨文已经是比较成熟的文字系统了，它绝不会是初始的阶段，在此之前，应该有一个产生发展的过程，所以我们期待有夏代文字的出土。

从考古学上探讨夏文化虽然取得不少成绩,然而仍然存在不少问题。以上述三处遗址为例,二里头遗址文化内涵可分为四期,其中一期的上限不超过公元前1750年,只是接近夏代中晚期的年代,三期以后已经进入商代的年代范围,那么,二里头遗址究竟是夏都还是商都,学术界目前尚未得出定论。

新砦遗址目前仅揭露出大型祭祀遗迹,尚未发掘出宫殿基址和高规格墓葬,如论定为夏都尚有不少的工作要做。王城岗遗址,仅发掘出大城的城圈,城内的重要建筑尚未发现,而且小城面积如此之小,性质究竟是什么,学术界尚有不同的认识,如欲取得较为一致的看法必须做更多的田野工作。

总而言之,尽管从考古学上探索夏文化已经取得不少成就,但是,要彻底揭开夏文化和夏王朝的神秘面纱,尚有大量的工作要做。

殷商兴亡

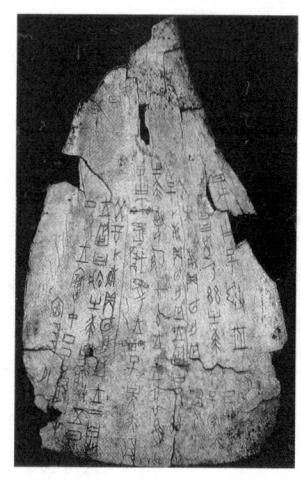

甲骨刻辞

清朝光绪二十五年（1899年）的某一天，北京东华门外的一处深宅大院里，笼罩着一丝焦虑的气息。原来，这家的主人——担任朝廷国子监祭酒，也就是当朝最高教育机构长官的王懿荣生病了。家人赶紧去附近一家有名的中药房抓药。药抓回来后，王懿荣惊奇地发现，一味叫"龙骨"的中药上面，明显地带有颇具规律的刻痕。

所谓"龙骨"，实际上是远古脊椎动物的骨骼化石，早在东汉时期，就已经有入药的记载。不过，此前，谁也没有注意到"龙骨"上面还会带有刻痕。这一意外的发现使王懿荣兴奋不已，他立即派家人再次前往那家药店求购,再三嘱托家人只要见到带字"龙骨",要全部买下。轰动世界的商代甲骨文就这样被认识、发现了。

甲骨学另一位大师罗振玉,自1906年起开始收藏甲骨。数年之后,他终于弄清楚甲骨出土地为河南安阳洹河之滨的小屯村。商代甲骨文的发现拉开了重新研究商代历史的大幕。

商朝历史在出土甲骨文中得到证实。中国历史上有一个商王朝,它是继夏朝之后,在中国建立起来的第二个王朝。这在今天是中学生都知道的常识。可是,这个常识却来之不易。早在两千多年以前,孔子就曾经哀叹对商朝的研究缺乏"文献"。

中国历史文献中关于商王朝的记载,最早见于《尚书》和《诗经》。《尚书·序》云:商"自契至于成汤八迁"。各种文献中对商的记载都很简略。

按照司马迁《史记·殷本纪》的记载,自"契卒,子昭明立"开始,至"主癸卒,子天乙立,是为成汤"止,凡十四世,是先商时期。司马迁所根据之书,已不可考,不过,他记载的这一世系与《国语·周语下》"玄王勤商,十有四世而兴"契合;另外,《荀子·成相》称:"契玄王,生昭明……十有四世,乃有天乙,是成汤",也与《史记》所载相同,可见司马迁必有所本。只是由于司马迁行文相当简略,曾经引起部分学者的怀疑。后来,甲骨卜辞问世,尤其是王国维利用甲骨文资料对《史记》所记一一进行了考订,撰成《殷卜辞中所见先公先王考》,发现甲骨文所述商之先公先王世次与《史记·殷本纪》所记相合,从而得出结

商王朝世系表

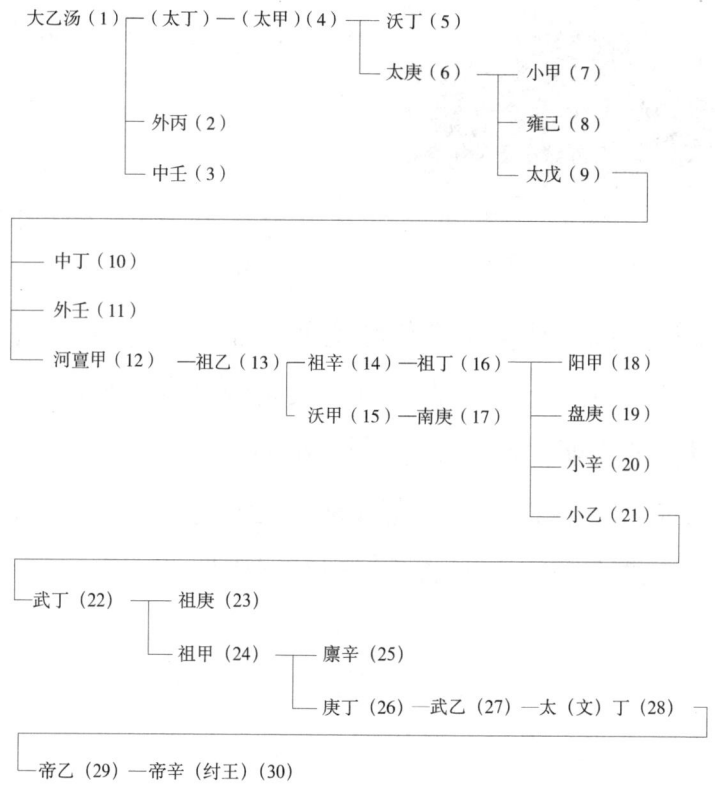

论:"《史记》之实录,且得于今日证之。"至此,学术界对先商世系的传继基本上已无异说。

由汤灭夏后,一直到最末的商王帝辛,是历史上的商王朝时期。《史记·殷本纪》《世本》《竹书纪年》所载的商世系,大部分在甲骨文中得到证实。按照这一记载,商代上自大乙下至帝辛即商纣王,共计十七世三十一王(除太丁外为三十王),时间大致从公元前16世纪到公元前11世纪,历时约六百年。

《史记·项羽本纪》曾明确提到商王盘庚所迁的"殷"正在安

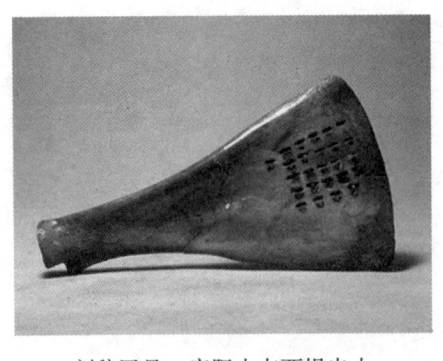

刻辞甲骨,安阳小屯西堤出土。

阳的洹河岸边。考古资料与文献记载惊人的一致,使得中国历史上确实存在过一个商王朝成为不可动摇的结论。按照《史记·项羽本纪》的提法,中国学者遂将安阳小屯一带的商遗存称为"殷墟"。

如果说王国维从文字学角度论证了商王朝的存在的话,始于1928年的对安阳殷墟的发掘,则从实物角度进一步证实了商王朝的确是成熟的文明,而不是处于初始阶段的文明。

殷墟最为重要的发现是晚商时期大量的甲骨文。这是中国现知最早的成熟文字,出土地点集中在安阳殷墟小屯一带。单是宫殿区第127号坑就发现甲骨一万七千零九十六片。现在各地收藏的甲骨已达十五万片之多,几乎都是从殷墟出土的。这些甲骨刻辞多属王室之物,内容涉及职官、刑法、军队、战争、田猎、农业、畜牧业、手工业、疾病、天文历法、方国地理与宗教信仰等,极大地丰富了商代的史料,把中国有文字可考的历史上推了数百年,使商代历史从传说的迷雾中解脱出来,成为有文字可查的信史。

天命玄鸟,降而生商——商的起源。殷墟只是商代晚期的都城,那么,商人最初起源于哪里呢?文献中关于商人的族源和起源地的记载不多。《诗经·商颂·玄鸟》曰:"天命玄鸟,降而生商。"《史记·殷本纪》释曰:"殷契,母曰简狄,有娀氏之女,为帝喾次妃。三人行浴，见玄鸟堕其卵，简狄取吞之，因孕生契。契长而佐禹治水有功。……封于商，赐姓子氏。契兴于唐、虞、大禹之际。"可见，商族的祖先是以玄鸟（燕子）为图腾的，简狄是商族传说中的始祖母，契是商族的始祖，曾与禹共事。其活动地区大约在今河南东部、山东西部、河北南部，其族属于东夷。但是，也有学者指出，玄鸟生商的传说，反映出商人似乎有以玄鸟为生育之神的信仰，据此得出商人为东方民族的说法值得商榷。

简狄像

先商时期，契"封于商"。《世本·居篇》云："契居蕃。"商的地望，在今漳河地区，商人所以称商，大概是由于商人远族居于漳水，而漳水最早就叫"商水"的缘故。可见，先商的主要活动区域在豫北漳河流域，但不久即为"陶唐氏火正阏伯"取代，史称"阏伯居于商丘"。后来相土复迁回商丘，如《左传·襄公九年》曰："阏伯居于商丘……相土因之。"可见，先商时期商人的另一个活动区域在黄河下游的豫东地区。

相土以商丘为都城，以武力拓展疆土，逐渐进入早期国家阶段。《诗经·商颂·长发》曰："相土烈烈，海外有截。"其疆土或至辽东半岛乃至朝鲜半岛。《世本》载"相土作乘马",王"胲作服牛",社会进步明显加快。胲是相土之四世孙,《史记》作"振",其子为上甲微。

在《山海经》和《竹书纪年》等书中,还记载了王亥到有易(今河北易水流域)地区交易,被有易之君绵臣杀死,并夺取仆牛。后来上甲微借河伯之师,打败有易,杀死绵臣,夺回仆牛,为其父报仇。可见,到了王亥时,商族势力已经达到河北北部。由于生产剩余可以交换,出现了掠夺财富的战争,私有财产可能已经产生。

在商汤灭夏之前,即所谓先公时期,这一时期的考古学文化可称为先商文化,是商文化的原始形态。商汤灭了夏才建立商朝,那么,灭夏之前的商人诸先公应该与夏王朝曾经同时,所以先商文化应该与夏文化同时。

目前考古学者对先商文化的探讨,多集中在冀南豫北及豫东鲁西地区。其中,邹衡提出,先商文化起源于豫北地区,分先商文化漳河型和辉卫型;而张光直却坚持认为先商文化应在河南最东部、山东西部和安徽北部地区,其文化面貌当与二里头文化有相似之处,又与大汶口文化和龙山文化有联系。此外,也有学者主张豫东和豫北的龙山文化是先商文化,还有学者把主要分布在山东境内、晚于龙山文化的岳石文化与先商文化直接联系起来。

从目前得到的考古学材料来看,先商文化漳河说更具说服力,漳水流域有可能是商人的起源地。

汉画像石上的夏桀形象　　《诗经·商颂·玄鸟》有关"古帝命武汤，正域彼四方"的记载。

商汤伐夏。史载商汤初立时，从先王居于亳，以伊尹为谋臣，政治清明，国运昌盛，夏桀封之为东方诸侯之长，不过，这并不能满足汤的政治抱负。商汤的势力日益强大之后，迈出了征伐夏王朝的步伐。商汤先灭掉了邻国葛伯（今河南宁陵东北），接着继续攻打夏的与国。

《孟子·滕文公下》："汤始征，自葛载，十一征而无敌于天下。"此正值夏王朝统治末期，夏王桀昏庸无道、暴戾无常，成汤乘机笼络东方诸国。夏桀为了控制东方诸侯，举行有仍会盟，不料有缗公然反对，夏桀出兵攻之，结果导致实力大减。而且，商朝乘机拉拢有缗、有莘及薛国等东方诸国，组成联盟，壮大了自己的力量。

商汤灭夏的用兵次序，大概是首先消灭夏的一些与国，最后才征伐夏桀。商先灭掉韦（今河南滑县）、顾（今河南范县）和昆吾（今河南濮阳）三个依附于夏的诸侯国，又举兵西向，向夏大举进攻。《诗经·商颂·长发》："韦顾既伐，昆吾夏桀。"商汤大军在灭掉昆吾后，直捣夏桀老巢，夏桀仓皇出逃，成汤乘胜追击至鸣条，大败夏军，桀被放逐于南巢而死。夏亡，商朝正式建立。

商汤之所以能顺利地灭夏，据说是因为夏桀"为虐政荒淫"，矜过善非、迷惑于妹喜，杀谏臣关龙逄，以及筑倾宫、饰瑶台等，虽不免言过其实，但是，桀为当时的暴君，则无可疑。所以，汤革夏命，实则利用夏民对夏桀的不满，推翻了夏王朝。

商汤自称"吾甚武，号曰武王"。《诗经·商颂·玄鸟》称汤为武王："古帝命武汤，正域彼四方"，"武王靡不胜，……邦畿千里，维民所止，肇域彼四海。四海来假。……"《诗经·商颂·殷武》曰："昔有成汤，自彼氐羌，莫敢不来享，莫敢不来王。……"

商汤像

伊尹像

商汤的武功很盛，除了推翻夏朝外，又向四方征伐，大大扩展了商的统治领域。

商汤的成功，得益于大臣伊尹的辅佐。伊尹大概名"伊"，官为"尹"，是汤的"小臣"，实为管理君王烹调膳食的官吏，爵位不高，但权力很大。《孟子·万章上》："伊尹相汤以王于天下，汤崩，太丁未立，外丙二年，仲壬四年。太甲颠覆汤之典刑，伊尹放之于桐三年。太甲悔过，自怨自艾，于桐处仁迁义三年，以听伊尹之训己也，复归于亳。"这就是说，伊尹看到太甲不贤，把他囚于桐宫，自己摄行政事。后来太甲改邪归正，伊尹就迎他复位。这大概是因为，商的前期君主多少还保存着氏族首领的特征，君不称职则放之，如果改过则复之。故，伊尹、太甲被后人尊为圣贤。

中国社会科学院学部委员、历史研究所副所长 王震中

伊尹在成汤推翻夏王朝的过程中发挥了很大作用；在成汤灭掉夏王朝以后，伊尹辅助成汤也起了很大的作用。这些文献的记载都得到了甲骨文的证实。在甲骨文中可以看到在固定的专门的日子对伊尹进行祭祀的记载，而且祭品的数量和规格都很高，所以也就证明了伊尹在商人中的地位是很高的。

商代早期的都城。商族在汤之前就是一个迁徙频繁的流动部落。据《史记·殷本纪》《尚书·序》等文献记载，自契至汤有八次大的迁徙；自汤建商朝，至盘庚即位，又五迁其都。这前八后

五的具体地望，尚未能在考古学上一一找到对应的证据，不过大体不出河南中东部、山东西部、河北南部，目前已经有些线索可考的是对汤都"亳"的探讨。

先秦诸子著作中较多地记载着"汤居亳"。有关亳的地望，自汉代以来就有不同意见。结合考古学证据，以河南偃师商城和郑州商城可能性最大。

郑州商城发现于20世纪50年代前期。经过数十年的考古发掘和研究，得知该城建于商代初年甚至更早。该城有内、外两重城墙，内城较规整，周长约六千九百多米，面积约三百万平方米。外城就地形而建，只在南、西、北三面设外城墙，其外有护城河，外城圈占的面积达一千三百万平方米，如果将城外的文化分布范围计算在内，总面积可达两千五百万平方米。内城的东北部为宫殿区，发现大小建筑五十余处。另外，发现有祭祀遗迹、水井及大型蓄水池等。在宫殿区边缘处还发现有可能是宫城的夯土墙。

在郑州商城的内、外城之间分布有手工业作坊区，如城南的南关外和城北的紫荆山有铸铜作坊遗址，城西有制陶遗址，紫荆山北有制骨作坊遗址。此外，还有青铜器窖藏，内出有王室重器——青铜鼎等，如1974年在郑州商城杜岭街发现了两件青铜大方鼎，其中一件重达86.4千克，高100厘米，是已发现的商代早期青铜器中最大的一件。

从考古类型学研究结果看，郑州商城与安阳殷墟一脉相承，但年代要早于殷墟，无论是城址规模、城址内涵还是出土遗物，郑州商城无疑是商代的都城，问题是，它究竟是哪个商王所建的都城呢？最初，学术界认为是文献所记的仲丁所迁隞都，《史记·殷本纪》正义引《括地志》的记载："荥阳故城在郑州荥泽县西南十七里，殷时敖地也。"郑州商城既为王都，又在荥阳附近，岂不是隞都吗？不过，随着考古材料的不断增加，后来的考古发掘与研究越来越清楚地表明，郑州商城经历的年代远远超过了仲丁一代，其上限甚至进入先商时期。在郑州商城是汤都之说提出之后，郑州商城隞都说受到了强烈的挑战。

郑州商城是汤都亳的理由主要有三：一是郑州商城历时较长，完全可以容纳自汤至隞前五世十王的年代；二是郑州商城内发现了大量东周时期"亳"字陶文，说明至迟东周时期仍把这里叫作"亳"；三是符合文献所载商汤与葛为邻、伐桀路线、汤放桀而复薄（亳）等事件的相对地理位置。

就在郑州商城是亳都还是隞都争论不休之时，戏剧性的事件发生了。1983年，在配合首阳山电厂的施工中，意外地发现了偃师商城。偃师商城位于河南省偃师县城区西部，西距二里头遗址约六公里。

偃师商城的年代与郑州商城相当或略早，属于商代早期，其平面呈刀形，分小城和大城两部分。其中，小城平面大体呈长方形，南北长一千一百米，东西宽约七百四十米，面积八十一万多平方米。大城是在小城的基础上扩建的，平面近似刀形，面积近二百万平方米。大城已发现城门五处，东西对应各两处，北墙一处，估计南墙也应有一处。大城外有护城河，护城河距城墙多在十米开外，壕沟口宽约二十米，深六米左右。城内有三组建筑群，其一位于小城中部偏南，长宽各约二百米，周有厚约两米的围墙，墙内有多座建筑基址，以及渠、池供排水的设施和祭祀场所，有人称之为宫城。另外两座基址分别位于小城西南角与东北方向，都有一周围墙，其中，第二号基址有成排的建筑，被推测为"府库"；在大城的北部还发现有与铸铜和制骨、制陶有关的遗存，应是手工业作坊区。

偃师商城有城墙和壕沟，有宫殿建筑和手工业作坊区，肯定不是普通的聚落，无疑也是一座都邑级别的城址。关于偃师商城的性质，一种意见认为是汤灭夏后所建立的西亳，《汉书·地理志》"河南郡偃师县尸乡"条，班固自注"尸乡，成汤所都"。巧的是，穿越偃师商城的一条土沟，当地至今仍称作尸乡沟。于是，偃师商城为汤都亳立即为众多学者所接受。不过，另一种意见认为，偃师商城虽然是与郑州商城同时的商代早期都邑，然而它的规模没有郑州商城大，文化内涵也不及郑州商城丰富，因此，只能是陪都或桐宫别馆；也有人认为是商代早期为镇服夏人所建的军事重镇。

盘庚迁殷。《尚书·盘庚上》载："盘庚迁于殷。"古本《竹书纪年》载："自盘庚徙殷，至纣之灭，七（二）百七十三年，更不徙都。"

关于殷墟的地望，《史记·项羽本纪》云："项羽乃与（章邯）期洹水南殷虚上。"自1928年发掘殷墟以来的八十多年的考古发掘也证明，盘庚迁都的所在就是今天河南安阳市西北五里的小屯一带。

殷墟面积约三十平方公里，不仅发现有王室宫殿区和商王陵墓区，还发现有各种手工业作坊、多处贵族墓地以及大量甲骨文。

王室宫殿区和宗庙区位于遗址的中心部位，今小屯村一带，共清理出建筑基址五十余座，由东北向西南分甲、乙、丙三组。宫殿区的东北有洹河做天然屏障，西、南是与洹河相通的隍壕，构成对宫殿区的防护，其范围约七十万平方米。这里还发现不少祭祀坑，这些祭祀遗迹说明这里的某些建筑为宗庙。

商王陵区分布于侯家庄西北冈，或称武官村北地，位于宫殿区西北2.5公里处，陵区范围东西长约四百五十米、南北宽约二百五十米。共有带墓道的大墓十三座，分东西两区分布。这些大墓平面多作"亚"字形和"中"字形，拥有宏大的墓室和长长的墓道，往往有大量人殉、人牲，如M1001号大墓，墓内发现的人殉、人牲达二百二十五人，虽然大都被盗严重，在幸存随葬品较多的M1004号墓中，仍发掘出分四层放置的青铜礼器，大批兵器和部分玉、石器，如著名的牛鼎和鹿鼎等。那些带有四条墓道的八座大墓肯定是商王陵墓。

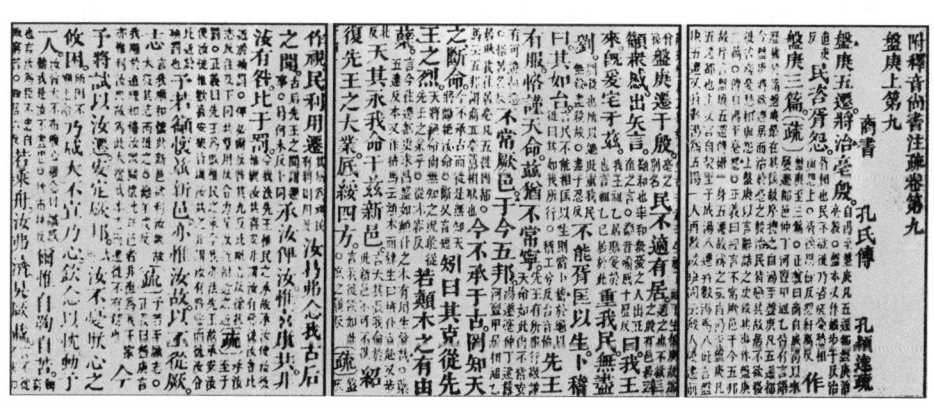

《尚书》中关于"盘庚迁殷"的记载。

王陵区外，殷墟还有多处成片的墓地，在这些墓地当中，既有带墓道的"中"字形或"甲"字形大墓，也有长方形的中小型墓，大型墓葬的右前方往往有车马坑。这反映出墓地的死者既有贵族，也有普通平民。

殷墟还发现多处手工业作坊区，其中，铸铜作坊有苗圃北地、孝民屯西地、小屯东北地等，制骨作坊有大司空村南地、北辛庄与小屯附近等，制陶作坊有苗圃北地、小屯附近等。

奇怪的是，直到20世纪末，殷墟虽然经过长达七十年的多次发掘，可是从未找到过任何与城址有关的迹象。以至于有些学者提出，殷墟非殷朝都城所在地。

这种状况，直至1999年在殷墟东北发现了一座面积达四百七十万平方米的都城遗址，并把它命名为"洹北商城"，才最终解开了殷墟就是盘庚都城的疑团。这座位于安阳殷墟遗址东北部地下约两米深处的商城，分布上与旧的"殷墟"范围略有重叠，但整体在洹河北岸，故称洹北商城。该商城平面略呈方形，南北长两千两百米，东西宽两千一百五十米，总面积约四百七十万平方米。方向北偏东十三度。在城址的南北中轴线南段，已确认分布有宫殿宗庙建筑群。其中，洹北商城的一号宫殿宗庙基址，坐北朝南，东西一百七十三米，南北进深九十米，总面积一万六千平方米，是迄今为止中国发现的规模最大、保存最完整的商代宫殿宗庙基址。基址平面呈"回"字形结构，与今天的四合院相仿。中间为开阔的庭院，四周建房，分北正殿、西北偏庑、西殿、南庑和门庭几部分。洹北商城发现有大型城垣和宫殿区遗存，性质为商代都城无疑。据研究，其年代与盘庚迁殷的年代及小辛、小乙的年代相合，故其为盘庚所迁殷都的可能性甚大。有学者认为，殷都经历了由"盘庚之殷"（洹北商城）向"武丁之殷"（小屯殷墟）之变迁。

中国社会科学院考古研究所研究员 唐际根

对于盘庚迁殷的原因，汉代学者认为是"去奢行简"，近代学者认为是为避河患，现代学者分别从贵族与平民矛盾加剧、对付来自北方民族威胁以及自然环境变化等方面解释。值得注意的是，也有学者认为，是为了解决由于王位争夺而产生的王室内部的纠纷。盘庚主要是想通过迁徙，削弱那些具有争夺王位的力量的奴隶主贵族的政治地位和统治力量。事实上，自盘庚迁殷后，保证了王位由一个家族的父子世袭，由此商王能够加强其内政武功方面的统治，故盘庚以后的商王国有了充足的发展，迎来了武丁时期的繁盛，史称"武丁盛世"。

商朝的极盛时期——中国上古文明的高峰。盘庚以后，传至武丁，是商朝的极盛时期，也是中国上古文明的一个高峰。武丁是盘庚之弟小乙之子，在位五十九年。据《尚书·无逸》记载，武丁年轻的时候，久在民间劳作，了解"小人"之疾苦，深知稼穑之艰难。他即位以后，提拔版筑匠人傅说为相，对内整顿吏治，改进税收，发展农业生产；对外征伐四方，其中主要对北方及西北地区的土方、舌方、鬼方、羌方等多次用兵，南征于江淮，北伐于河套，西征又达渭汭，与周族接壤，每每取得重大胜利,可谓武功赫赫,前无古人。

随着武丁时期对外战争的不断胜利,商王朝国力达到鼎盛,《诗经·商颂·玄鸟》中记载武丁时"邦畿千里,维民所止,肇域彼四海"。据甲骨文学者研究统计,与武丁相关的卜辞共六百多条,为晚商诸王之最,被武丁征伐的方国达八十一个。其势力范围东至于海,西达陕西,北到河北,南抵江汉,成为名副其实的泱泱大国。

武丁的配偶妇好是一位英武的女将军,她是商王武丁六十多位妻子中的一位,即祖庚、祖甲的母辈"母辛",是中国最早的女政治家和军事家。据甲骨卜辞记载,妇好曾多次主持各种类型和名目的祭祀和占卜活动,利用神权为商王朝统治服务。此外,妇好还多次受武丁派遣带兵打仗,北讨土方族,东南攻伐夷国,西南打败巴军,为商王朝拓展疆土立下汗马功劳。因此,武丁对她十分宠爱,授予她独立的封邑,并经常向鬼神祈祷她健康长寿。她死后,商王给予很高的待遇,这从妇好墓中可见一斑。

殷墟出土兵器

殷墟出土仿铜陶礼器

妇好墓出土玉凤

妇好墓位于河南安阳小屯村西北约一百米处，于1976年被考古工作者发掘，是殷墟唯一保存完整的商代王室墓葬。该墓五米多长，约四米宽，七米多深，墓上建有被甲骨卜辞称为"母辛宗"的享堂。据说享堂原是商王武丁为祭祀妻子妇好而修建的宗庙建筑，尊其庙号为"辛"。妇好墓虽然墓室不大，但保存完好，随葬品极为丰富，共出土青铜器、玉器、宝石器、象牙器等不同质地的文物一千九百二十八件。其中，玉器共七百五十五件，是商代玉器出土最多、最集中的墓葬。

商王朝势力的影响，使考古工作者在今天的河北、山东、辽宁、江苏、安徽、湖北、湖南、江西以及山西、陕西等地都发现了大量的殷商文化遗存，表明商朝的统治区域已经远远超过了夏代。

远离商王朝中心区的四川广汉三星堆遗址和江西新干大洋洲

遗址都发现了深受商文化影响的青铜礼器。

纣王当政——盛极一时的商王朝走到了历史尽头。 商王朝后期，政治日趋黑暗，社会矛盾日趋激烈。商代由盛到衰的转折点是在祖甲统治时期，《国语·周语下》云："帝甲（祖甲）乱之，七世而殒。"武丁以后的商王，大多贪图安逸享受，都很腐败，如《尚书·无逸》云："自时厥后立王，生则逸。生则逸，不知稼穑之艰难，不闻小人之劳，惟耽乐之从。自时厥后，亦罔或克寿。或十年，或七八年，或五六年，或三四年。"就是说，祖庚以后的七八代，由于他们生于深宫，长于妇人之手，不肯躬亲稼穑，养出一批荒淫的、沉湎于酒色的纨绔子弟，其在位年数，多则十余年，少则仅三四年。

商纣王是一个有名的暴君。他骄奢淫逸，"厚赋税，以实鹿台之钱，而盈钜桥之粟"。大修宫室台榭，扩大王都范围，"南距朝歌（今河南淇县），北距邯郸及沙丘，皆为离宫别馆"。在宫殿中声色犬马，与宠妃妲己"以酒为池，悬肉为林"，终日饮酒作乐。

三星堆出土青铜跪像

为满足奢侈生活的需要，商纣王在经济上加紧搜刮，使广大民众生活在死亡线上，社会动荡不安，民怨沸腾，甚至出现了把商王祭祀上帝祖先的牛羊猪等祭品都抢光吃光的现象。"小民方兴，相为敌雠"，意思是说，平民普遍起来与殷商统治阶级为敌的意思。"如蜩如螗，如沸如羹"，面对商王朝的残暴统治，大量的奴隶采取各种形式，包括怠工、逃亡乃至武装暴动等进行反抗。商王或奴隶主也经常追捕逃跑的奴隶，纣王又作"炮烙之法"，以加强对广大人民的镇压。

纣王重用奸臣崇侯、恶来、费中、飞廉等，其实，"费中善谀、好利，殷人弗亲"，"恶来善毁谗，诸侯以此益疏"（《史记·殷本纪》）；排斥微子启、王叔比干、箕子等有识之士，使忠于纣王的比干因谏而死，箕子佯狂，微子出走。商纣王把"四方之多罪逋逃"之人安插在"大夫卿士"的位置上，这样一来，商纣王便失去了一部分诸侯大臣的支持，使得当时的统治集团分崩离析。

而此时，周边的少数族团也趁机内侵。当商纣王向西北各族发动进攻时，东南地区的东夷各部纷纷叛离，虽然先后被商纣王所灭，但是，商王朝的国力也因此消耗殆尽，如《左传·昭公十一年》所说："纣克东夷，而殒其身"。

商的属国周在西边兴起，国势日渐强大，曾经长期服从于商王国的周族，此时也拉拢了一些小国，壮大自己的力量。后来的周人说文王"三分天下有其二"，当去事实不远。此时的商王朝内外交困，风雨飘摇，即将被周朝灭掉，微子是纣王之兄，他形容这种可怕的情景时感慨道："今殷其沦丧，若涉大水，其无津涯。"

盛极一时的商王朝走到了历史尽头。

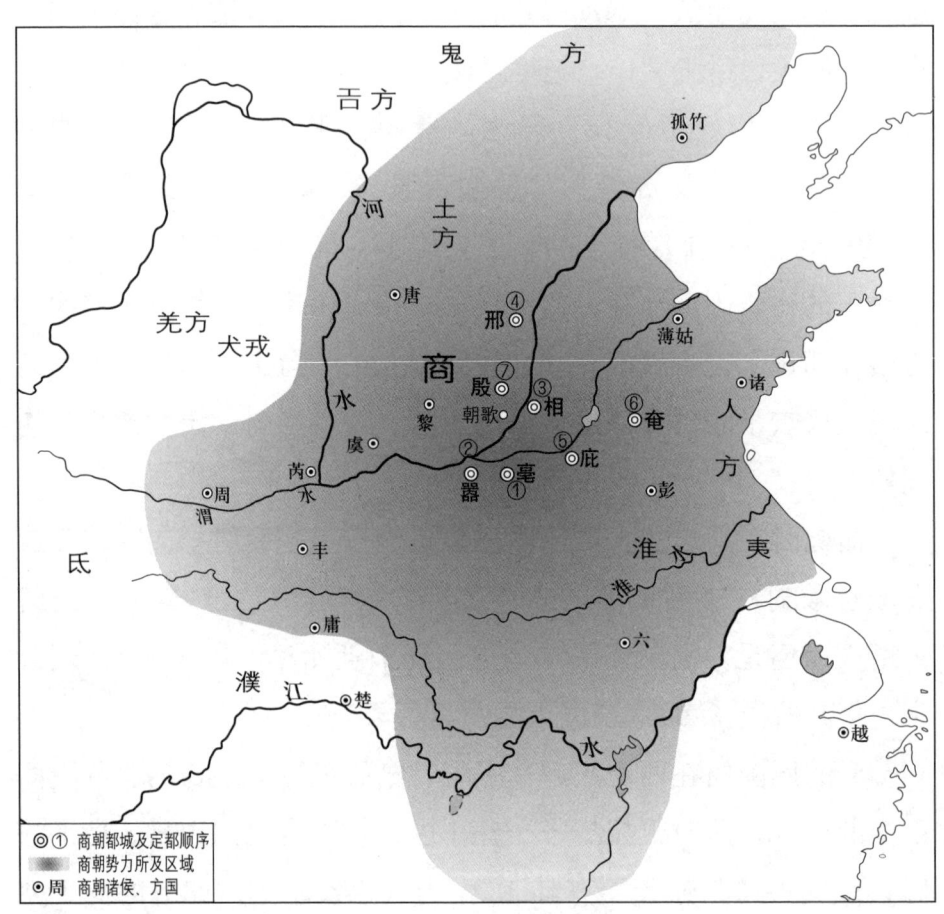

商朝形势图

商代文明

后母戊大方鼎

这是著名的后母戊大方鼎，1939年出土于河南安阳武官村，它通高一百三十三厘米，长一百一十厘米，宽七十八厘米，重八百七十五公斤，是现今世界上发现的最大的青铜器，代表了商朝青铜器发展的最高水平。据研究，制作该鼎时，必须二三百人同时投入工作，才能完成这一杰作。

隐藏在这件青铜方鼎背后的是辉煌灿烂的商代文明。

商代经济。商代是一个以农业为主的社会，农业生产直接关系到商王国的强盛及贵族们的收入，因此，商王比较重视农业生产、关心年岁的丰歉。在甲骨文中求雨、求年（收成）的卜辞很多，如云"求年于大甲十牢、祖乙十牢"，祈求上帝能给人间带来好收成。

商代农作物种类甚多，甲骨文记载最多的是黍，此外还有稷、麦、稻、桑、麻等。可见，现代流行的主要谷物，商代已经大致具备了。

经过浮选，这几种农作物的炭化颗粒均已获得，可以证实文献记载和甲骨文所述是可靠的。

卜辞"田"字的形状像"棋盘状耕地"，田中有阡陌沟洫，一纵一横，形成若干方块田，这正是中国古代井田制的特征。常见的耕作方式叫"叶田"，大概是众人合力并耕、集体协作的意思。

商代农业生产工具主要使用木、石、蚌等制作，计有镰、锄、铲和耒、耜等。其中，耒是木制的起土农具，前端分叉；耜呈铲状，安在木棒下，可以用石、蚌或金属制作。虽然在商代后期出现了少量青铜农具，但起重大作用的仍然是石器。在殷墟发现了三千多件石镰，成千上百件埋在一坑，并有使用过的痕迹。

殷墟出土农具

商代的农业种植技术更加进步，在甲骨文中已发现有施肥的记载。考古资料中也发现不少储藏粮食的大型窖穴，卜辞中还有仓廪的"廪"字。由于粮食有了大量剩余，便出现了使用粮食大量酿酒的现象。文献记载，商人酗酒成风，卜辞累见

"酒"字，殷代青铜器十之七八都是酒器，其中如卣、爵、斝、盉、觚、觥都是饮酒用的，这些都从侧面反映出当时的农业水平已经达到相当的高度。

商朝的经济作物也很丰富。当时既种植蔬菜，又栽培果树，形成了以农田为中心的农业经济体系。

在农业发展的基础上，商代的畜牧业也更加兴旺起来。当时饲养的家畜，牛、羊、马、犬、豕、鸡六畜俱全，其中，家马自商代晚期开始，成为中国的主要家养动物之一。

狩猎经济是商代农业和畜牧业经济的一种补充。在商代遗址中，经常可见渔猎工具，甲骨文中有矢、弹、网等字，都是猎具的象形字。甲骨文记载当时的田猎方法有车攻、犬逐、矢射、陷阱、布网、焚山等。

由于渔猎技术的改进，当时的人们已经能够捕获很多飞禽、走兽和鱼类。甲骨文中谈到有一次"王阱允擒三百又四十八"。从甲骨文的字形来看，仅兽类就有象、兕、虎、鹿、麋、麑、麐、豕、狐、猴等。从郑州和殷墟出土的动物骨骸中又鉴定出更多的野生动物，如麋鹿、梅花鹿、獐、虎、獾、猫、熊、犀牛、狐、豹、乌苏里熊、扭角羚、田鼠以及各种鸟类、鱼类如海产鱼、蚌、贝等。这些野生动物大多是捕获来的。

中国是世界上最早发明桑蚕丝织业的国家，商代后期蚕丝业又有很大的发展。殷墟等遗址出土了玉蚕，在殷墟出土的青铜器上发现有绢帛类丝织物遗痕，卜辞中亦有蚕、桑、丝、帛等字，且有商王派人察看蚕事的内容，可见远在三千多年前的商代，丝织业已有了相当的发展。

《商人饮酒图》

《狩猎图》

玉蚕

商代制陶业也是商朝主要的手工业部门之一。在王都和贵族城邑里都设有制陶作坊，除制作一般陶器外，还能够采用高岭土烧制白陶。商人"色尚白"，制作的白陶器，如卣、盘、罍、尊等，形制与青铜器相仿，花纹也如同青铜器花纹一样精美。这些晚商遗址发现的刻纹白陶，系经过1000℃以上高温烧制而成，其造型秀丽，刻镂精美，色泽皎洁，叩之有声。尤为引人瞩目的是，在郑州二里岗和藁城台西遗址都出土了原始瓷器——釉陶，经化验分析，已接近一般瓷器，可称之为原始瓷器，把中国发明瓷器的历史至少提前到了三千多年前的早商时代。

商人是善于经商的部族。商朝的商业和交通也很发达。在郑州、安阳等商遗址中都发现了一些非本地所产的海贝、鲸鱼骨、大海龟龟板和玉石等，如来自新疆和田的玉、来自南海及印度洋沿岸的海贝和大龟，有的是从远方进贡而来，有的则是通过商业交换而来。可见，当时商王朝和遥远的外邦已经有了贸易联系。

殷墟出土仿铜陶礼器

早商、晚商遗址中都发现了用贝随葬的现象。甲骨文、金文都有"贝"字。商末铜器铭文有"赐贝""赏贝"的记载，以朋为单位，最多赐贝三十朋，说明当时贝已起到货币的作用。

殷墟博物馆的商代车马坑

商朝的交通包括水路、陆路两种。水上交通工具是船，卜辞有"舟"字；陆路交通使用车，卜辞"车"字为两轮一轴之形。许多商代遗址都出土了车马坑和车马具，复原形制与卜辞"车"字形相仿，是使用马驾的两轮大车。当然，商代的车除用作交通工具外，还可用于攻战和狩猎。

商代的政治制度。商朝是继夏朝之后，中国历史上第二个奴隶制王朝。它所拥有的辽阔疆域，在当时世界上是独一无二的。

商朝的政治制度，上承夏朝，下开西周政治制度的先河，孔子说：" 殷因于夏礼，所损益可知也；周因于殷礼，所损益可知也。"商朝政治制度的特点是实行专制主义的中央集权制，商王是全国最高统治者，集政权、军权、神权于一身，高踞于一般贵族之上。商王自称"予一人""余一人"，或"我一人"，对臣民握有生杀予夺之大权，并借助宗教迷信的力量，进一步强化自己的统治。

在王位继承方面采用兄终弟及和父子相传并存的王位继承制。其中，商王朝前段以兄终弟及为主；后段则父子相继为大势所趋，这一继承法在周代终于被采用。总之，商王权已具有专制王权的基本特征。

商朝政治制度的另一显著特点是内服外服制度。《尚书·酒诰》："越在外服，侯、甸、男、卫、邦伯；越在内服，百僚、庶尹、惟亚、惟服、宗工，越百姓里居（君）。"内外服制度滥觞于夏，形成于商，影响至周，是独特的国家结构形式。内服为"王畿"之地，系商朝直接控制的国家中心地区，又叫大邑商、天邑商。这里"居天下之中"，包括今天的晋东、鲁西、豫北和冀南一带的广阔平原。

内服职官即中央王朝职官，数量众多，地位最高者有相、三公、尹、史等。相为仅次于王的职官，三公即是太师、太傅和太保性质的官职。从卜辞看，尹主要担负建造寝殿、开垦农田等职

《尚书·酒诰》有关商代内、外服的记载。

务,偶尔也受王命外出征伐,地位也应较高。此外,还有专门掌管农业、畜牧、渔猎、手工业等部门的职官。如牧为负责畜牧业的职官,司工为掌管手工业的职官。卜辞累见"小臣""多臣"职务,其地位有高有低,高的如后世大臣,低的如地方小官。"小藉臣"是管理农耕的,"小多马羌臣"是管理多马羌奴隶的,"司工"可能是百工之长。

内服官员由商王直接任免,其中,中央官僚享有世袭特权,但是官职根据王朝的利益而变动。

外服是指商王畿以外的土地,外服职官有侯、甸、男等。卜辞中侯的数量有五十多个,常见的有仓侯、杞侯、侯专等。文献中还有九侯、鄂侯、翼侯等。这些侯的担任者多为商周围方国的首领,他们一方面臣服于商,接受商王赐予的封号,一方面是土著国家的首领。但是,各诸侯国、方国的官吏,不是由商王任免的。诸侯国要负担纳贡、服役、戍边或随王出征等义务。商王还派王族的亲信"诸子""诸妇"去地方监督当地的首领,便于控制并加强其统治。商王朝为了加强对方国的控制,还让方国的首领入朝做官,像对待其他中央官员那样对待他们,对他们拥有生杀予夺的权力。

总体来说,商代的职官是比较完备的,数量也比夏代庞大得多。不过,由于存在这种内外服制度,商王对周边地区的统治是相当松散的,周边诸侯对商王时服时叛,这与西周完全不同。

商王朝拥有一支庞大的军队。管理军事、指挥征战的武官有多射、卫、戍、师、多马、多亚等。卜辞有"王乍三帅:右、中、左"的记载。此外,还有"旅"的建制。发动战争前,商王或商贵族都要进行"登兵"(即征集兵众),动辄千人、几千人,甚至多达万人以上。兵种除步卒外,还有大量车兵,作战时往往以车兵为主力。

商朝已制定了法典,称之为"汤刑"或"汤法"。商朝在全国各地普遍设立监狱,当时把监狱叫作"圜土",卜辞有"圉"字,字形作戴桎坐牢状。那时候,墨(在脸上刺字)、劓(割鼻)、刖(断足)、宫(男子阉割,妇女幽闭)、大辟(死刑)五刑具备。商纣王时刑罚名目繁多,用刑残酷,仅处死人的刑罚就有七种,诛灭三族的族诛也见于文字记载。通过以上这些措施,商朝加强了奴隶主贵族的统治。

等级森严的商代社会。商代属于等级森严的奴隶制社会,商王是奴隶主贵族的总头目,对国家拥有行政(对职官的任命权、对臣僚的监察权)、军队、司法等一切大权。商王以下有各级贵族,贵族又有同姓和异姓之别。同姓贵族有王族、子族和多子族;异姓贵族包括"邦伯""百执事"。因为商王的配偶多为异姓贵族女子,所以,异姓贵族的地位也很显赫。下级军官和基层官僚在文献上称为"多士"。

平民在商朝是主要阶级。包括百姓、众、蓄民、百工等,从事社会生产劳动,战时参军入伍。卜辞上叫"众人""众",文献上称"小人"。卜辞上记载的"众人"是在井田上劳动的主要成员。盘庚迁殷时召集"众人"来王庭,让他们听训辞,可见"众人"的地位要比奴隶高。不过,他们没有土地所有权,被牢固地束缚在井田上,还要负担当兵、纳贡和服徭役的义务,并随时有沦为奴隶的危险。

第三种是奴隶，包括妾、僮、仆、臣以及战俘等，社会地位十分低下，可以被任意屠杀或充作牺牲。卜辞上的家内奴隶称谓有奴、婢、妾、臣等，还有奚奴、羌奴。当时奴隶的主要来源是战俘，其中羌族战俘最多，卜辞累有"获羌"的记载。而且还有进贡奴隶的事，如卜辞记载"氐（致）羌""来羌"都是附属国向商王朝进贡奴隶的记录。

考古资料显示也存在着等级划分的现象。如商代的居住遗存可以划分出宫殿基址、大型建筑基址和小型地面建筑。墓葬的等级制更加明显，可以划分为占地达数千平方米的大型墓、占地数十平方米的中型墓、数平方米的小型墓以及殉人坑与祭祀坑等。墓葬面积越大，随葬的物品越多越珍贵，国王的陵墓不仅带有四个长长的墓道，随葬奢华的随葬品，而且往往附带大规模的殉人祭祀坑。在祭祀的过程中，除了使用大量的牛、羊、猪、狗以外，还有相当数量的人牲。商朝人殉、人祭之风盛行。商王和贵族死后，要杀人殉葬，以后每祭祀一次，都要杀一批人，每次人祭，少则数人，多则数十、上百，甚至多达四百人。有学者从1928年到1973年发掘的商代遗址和墓葬中统计出，可以辨认的人殉、人祭近四千人。另外据卜辞记载统计，从盘庚迁殷到帝辛亡国，至少残杀了一万四千人用于人祭。如安阳武官村北地殷王陵区，在墓区东侧发现了一个面积达数万平方米的祭祀场，在已清理的一百九十一个祭祀坑内，共埋葬了一千一百七十八具用于祭祀的人牲。

规模宏大的宫廷建筑。在郑州商城、偃师商城、洹北商城和湖北盘龙城等商代城址中，都发现有规模宏大的城墙和巍峨壮观的宫殿建筑基址，印证了文献记载并非虚传。特别是殷墟的宫殿建筑基址群，可以划分为若干群组，大概属于宫殿和祭祀建筑，也有人把它复原为若干四合院式的建筑群，是殷代建筑艺术的代表作。

文献上曾经描绘商末贵族的建筑相当华丽。《周礼·考工记·匠人》云："殷人重屋，堂修七寻，堂崇三尺，四阿重屋。"在甲骨文中，有不少字，如室、京、宫等的字形像楼房，推想当时已有宫室崇楼。《说苑·反质》引《墨子》佚文云："宫墙文画，雕琢刻镂，锦绣被堂。"古本《竹书纪年》："殷纣作琼室，立玉门。"《吕氏春秋·过理》云："糟丘酒池，肉圃为格，雕柱而桔诸侯……作为璇室，筑为倾宫。"可以想象出商代晚期的建筑，雕梁画栋，颇为豪华壮观。

商代的文字。文字是文明的象征，商代的文字资料，主要有甲骨文、陶文、玉石文和金文。甲骨文是指刻在龟甲和兽骨上的文字，供晚商时期占卜记事之用，也叫"殷墟卜辞"或"甲骨卜辞"。占卜用的卜骨多为牛的肩胛骨，卜甲为龟的背甲和腹甲。占卜前，先有巫人对甲骨进行简单的修整，再以专门的工具加以钻凿。占卜时，灼烤甲骨背面的钻凿处，在甲骨的正面会显示出不同形状的兆纹，贞人和商王对它进行观察，以定吉凶，最后把占卜时间、卜问事项、最终结果等刻写于甲骨之上。

这些卜辞的内容丰富，包括祭祀、田猎、农业、天象、征伐、王事等内容，含有不少人名、称谓、地名、方国名等字、词。自19世纪末首次发现有字甲骨以来，已发现甲骨十五万片以上，共有四千多个单字，其中，被确认的还不足两千字。

从甲骨文的结构看，传统的所谓"六书"已经具备。"六书"是指象形、指事、会意、假借、形声和转注六种构成文字的原则。在甲骨文中，更多的是象形、会意、形声和假借四种。其中，在武丁前后的字中，象形字还比较多，而到商代末期，形声字逐渐增多，许多字趋于定型，因而，甲骨文是一种有严密规律的相当成熟的文字。甲骨文中的"册"字，像竹

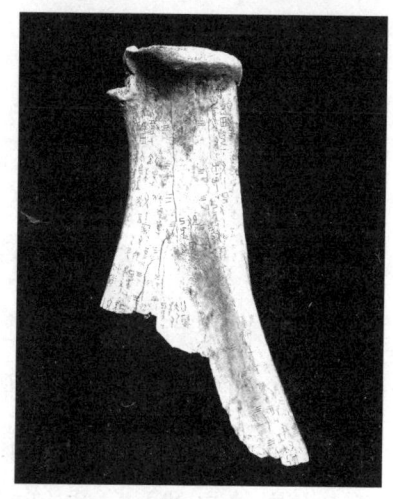

殷墟出土的占卜记事甲骨

简汇集之形，《尚书·多士》讲"惟殷先人，有典有册"，看起来商代已有写在简册上的文书了，可惜这些商代典册大都未流传下来。甲骨文的发现大大弥补了这方面的不足。

甲骨文是怎样书写的呢？除了极少数的大字是先用毛笔写好再用刀刻外，一般的都是用专门的青铜刀直接刻在甲骨和兽骨上的。由于这些材料都比较坚硬，刻出来的笔道往往都是直直的线条，使其整体呈方块形，这种方块字一直保存到今天。有些甲骨文，刻工精细，书体美观，堪称书法佳作。

甲骨文是世界上现在所能见到的最古老的文字之一，它在当

时是进步的，而且后来发展成为世界上使用时间最长和使用空间最广的一种文字——汉字。今天的汉字，就是从甲骨文发展来的。

当然，甲骨文远不是最早的汉字，甚至也不是商代早期的文字，只不过是商代后期的文字，探索汉字的起源，应该在甲骨文的基础上继续向前追溯。

商代晚期出现了祭祖、赏赐铭文，少至一字，多至五十字，常见者为一到五六字之间，还常见族徽符号。

"国之大事，在祀与戎"——商代的宗教。商王朝信奉"国之大事，在祀与戎"的理念，视宗教信仰为治国之头等大事，故而使整个商代社会充满浓郁的宗教气息。甲骨卜辞表明，商人无日不占，无事不卜。而祭祀的对象则包括日月星辰、风雨雷电、河流山川等自然神，也包括祖先和旧臣，以及设有天庭的帝。仅负责宗教祭祀、占卜、典礼、记录王事的官员就有太史、卜人（贞人）、作册和巫等，见于卜辞的贞人就有三十余人。

从甲骨卜辞中可以看出，"帝"或"上帝"是天上的最高统治者，是自然界的主宰，既能够呼风唤雨，也可以左右人间的一切生活。被神化了的商代先公先王是可以伴随在"上帝"左右的，因而可以获得和上帝相仿的某些权力。在卜辞中以对商代先公先王的祭祀名目最为繁多。据统计，在所有与祭祀相关的卜辞中祭祀祖先神的内容有一万五千多条，远远超过了祭祀自然神和上帝的数量。这种对祖先神的格外敬重，实际上是在向世人暗示，商王的身份是神圣不可侵犯的。

对神权的崇拜也表现于青铜器充满神秘气息的纹饰上。商代青铜器的纹饰构图是将现实中的动物神秘化和程式化，青铜纹饰中的饕餮纹、夔龙纹、凤鸟纹等种种奇怪的纹样无不透露出神秘的气息，以至于后人难以明白这些动物造型和纹样本身所指的含义，给周邻地区的青铜器和后代的青铜器以深远的影响。

商人的祭祀内容涉及政治、经济、军事和日常生活的方方面面，其实质是，商王朝以宗教为幌子，借助宗教手段，维护、巩固自身的统治，为商王统治披上上帝旨意的外衣，达到在世俗世界中牢牢统治人民的目的。

商代的科技。天文学的进步和农业生产的需要，促进了历法的发展。商朝历法已非常完善，它以太阴（月）记月，太阳记年，干支记日，大月三十天，小月二十九天，平年十二个月，闰年十三个月。在早期卜辞中，闰月放在年终，叫作十三月，称为"年终置闰"法。在晚期的卜辞中，采用"年中置闰"法，即把闰月放在某月之后，这种历法既不是根据太阳运动一年测得的阳历，也不是以月亮圆缺为基础的阴历，而是"以闰[月]定四时成岁"的阴阳合历。这是中国设置闰月的开始，为中国传统历法的确立奠定了基础。

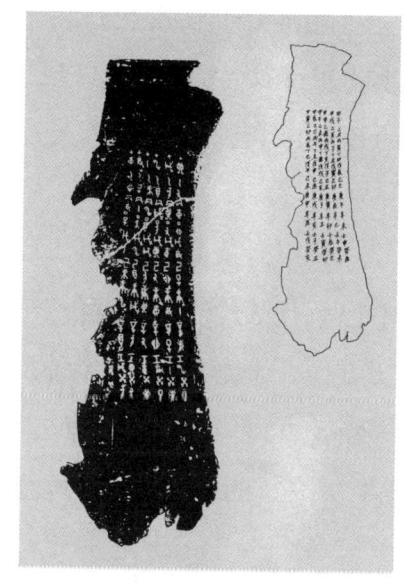

《甲骨文合集》编号37986片拓片及对译。商代对日月星辰的运行已有了较深刻的认识。

商代文明

甲骨卜辞中记时的年，不叫岁，也不叫年，而是叫作"祀"，这是因为一年当中商王要根据不同的时间举行各种不同的祭祀，祭祀一遍，一年的时间也就过去了，所以用祀代表年。春夏秋冬四季的划分，起于春秋时代以后，商代大概只有春种、秋收两段时间，所以，在商代，"春秋"二字代表一年的时间。

"干支记日法"是用十天干和十二地支相配合来表示日期，即从甲子到癸亥共计六十个。这种用干支记日的方法在中国早已出现，一直沿用到近代。在甲骨卜辞中可见一些干支表，可见商代已采用"干支记日法"。

中国社会科学院考古研究所研究员 冯时

商朝由于农业生产技术的发展，天文历法知识也有了新的进步。甲骨文中有关于日蚀、月蚀和岁星（即木星）、火星等行星的确切记载，这是世界上最早的天文学的宝贵资料。

从甲骨文可以看出，商朝已经采用了十进位制计算法，卜辞中已有代表个、十、百、千、万的文字，最大的数字为三万。医学方面，卜辞记录了多种疾病，涵盖后世的内、外、妇产、小儿等科，见于卜辞的治疗方法有针刺、艾灸、按摩等。商代设有"小疾臣"的官职，专门管理医药疾病事务。

商代的艺术。 商王朝统治者锦衣玉食的生活中，必然要求相应的娱乐，这就推动了商代艺术的发展，以至于有商一代出现了

妇好墓陶埙

专门学习音乐、舞蹈的乐人。

据文献记载,商汤时期已有《大护》《晨露》《九招》《六列》等乐章,商纣王命师涓"作新淫声,北里之舞,靡靡之乐",商纣王时已有大鼓、钟、磬、管、箫等乐器。甲骨卜辞中有"舞"字,像人身挂有饰物婆娑起舞之状。

殷墟所发现的乐器种类有许多,计有吹奏器陶埙、石埙和骨埙,状如鸭蛋,顶上有一吹口,前半腹有四孔,后半腹两孔,能吹整个七声音节和一部分半音。

商代常见的乐器还有打击乐器铜铃、铜铙和石磬等。其中,最大的一件铜兽面纹大铙,重达一百五十四公斤。铜铙一般是拿在手里敲击的,像这件这么大的铜铙只能把柄插在地上,才能敲奏。

在殷墟武官村大墓中还出土了一件特大石磬,长八十四厘米,高四十二厘米,它是迄今为止发现的最早的大型乐器。在安阳小屯妇好墓中出土了一个鹦鹉刻纹磬和一个"妊竹入石"刻纹磬,造型惟妙惟肖。

商代文明 | 143

据音乐学家研究,铜铙是旋律乐器,在商代奠定了十二律体系的历史基础。此外,商代的音乐已有了半音观念,可以奏出曲调,已有比较固定的音高等。总之,商代的音乐相当发达。

商代的雕塑艺术,按种类划分,有平面的浮雕或浅刻,有半立体的动物性雕像,也有立体雕塑。

浮雕或浅刻多是器物上的花纹,最常见的是饕餮纹、夔龙纹和云雷纹。此外,还有蝉纹、鸮纹、鸟纹、蚕纹、龟鱼纹,以及牛头纹、鹿头纹、虎头纹等。

半立体的动物性雕像一般都是用陶、玉、石、蚌做成的配饰,如鸟、鱼、蝉、鸮、兔、虎等兽面造型。

立体动物塑像,在商代前期只发现过泥塑。到了商代后期,以玉、石为质料的动物形雕像最多,题材最广。在殷墟小屯M5墓发现的长鼻大耳的玉象、蜷足静卧的石牛,无不栩栩如生。在殷墟武官村一带的陵墓中,还发现了大批的白石动物雕像,有大型的长达一米多的双兽雕像,也有小型的石鸮、虎首人身虎爪石雕像。此外,在商代后期的铜器上,如鸟首尊、觥、卣等上面都有仿动物形象的造型,如湖南宁乡出土的商朝晚期的四羊尊,把四只羊和方肩尊的器形结合起来,展示了极高的工艺水平。

商代后期四羊方尊

玉人

玉跪人

玉面兽

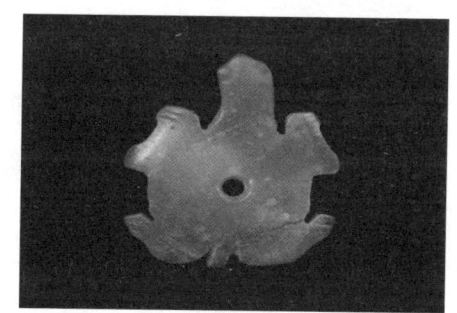
玉龟

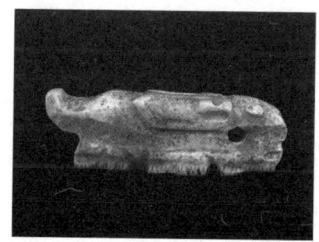
玉虎

玉鸮

玉象

商代人像题材的雕塑品，有各种原料的浮雕、半立体和立体人物雕塑品。以安阳殷墟妇好墓出土的十件人像和人头像最具代表性，它们有的跪坐戴冠，有的裸体纹身，有的赤足盘发等。

商代还发现了数量可观的玉器。《逸周书·世俘解》载："凡武王俘商旧玉亿有百万。"商朝的玉器种类多，形制精美，玉质好，切割整齐，琢磨光润，纹饰活泼。殷墟出土玉器的种类相当齐全：礼器有琮、圭、璧、玦、璜、簋、盘、柄形饰，仪仗类有戈、矛、大刀、戚、钺，工具有锯、锛、斧、凿，文化用品有调色盘、小刻刀，生活用品有梳、匕、耳勺、簪、镯等，象生类有人像、龙、凤、马、牛、羊、兔、狗、虎、象、鹿、熊、鸽、鹰、螳螂等。

其中，仅安阳妇好墓就出土了七百五十五件玉器，其中玉龙、玉凤、玉象等雕琢精细，圆润光洁，形象生动，是世界艺术宝库中的精品。其中一件腰佩宽柄器玉人，双手抚膝，跪坐，面目庄重，形象逼真。

中国社会科学院考古研究所研究员 唐际根

当王权和神权出现以后，最好的东西就会跟王权、神权结合。所以玉就自然被赋予了不同的或者说是特殊的价值。

骨器在商代广泛使用。在殷墟和郑州商城遗址都发现有骨器作坊遗址。骨器种类有生产工具如铲、锥、刀、针、鱼钩还有骨镞等，生活用具有梳、簪、匕、叉等。在商代大墓里出土的骨簪、骨匕、骨柄和象牙器上，都雕刻着精美的花纹，成为上佳的艺术品或装饰品。

辉煌的青铜文明。有商一代创造了中国历史上辉煌的青铜文明，迎来了中国青铜器发展的第一个高峰。商代青铜器铸造规模比夏代更加扩大，成为商朝最重要的手工业部门，尤其到商后期达到高峰。商朝青铜器铸造工艺飞跃发展，出现了铜、铅、锡三元合金，铸造时广泛运用了分铸技术，青铜器数量大增，种类繁多，主要有礼器、兵器、乐器、车马器和装饰器等。其中，礼器和生活用具品种齐全，计有烹煮器，如鼎、鬲、甗；酒器，如爵、觚、觯、斝、尊、卣、壶；礼器，如偶方彝等；储盛器，如簋、盘、盂等；手工工具，如斧、锛、斤、凿、刀、锯、钻等；兵器，如戈、矛、钺、镞、剑、戟等。此外，还有少量的农具，如锄、铲、镬等。

需要说明的是，中国特别是中原地区的青铜器大多为礼器、乐器和兵器，反映"国之大事，在祀与戎"的思想，很少农具，也很少见人物或动植物的青铜形象。

商代是中国青铜器发展的第一个高峰，对当时华夏大地的影

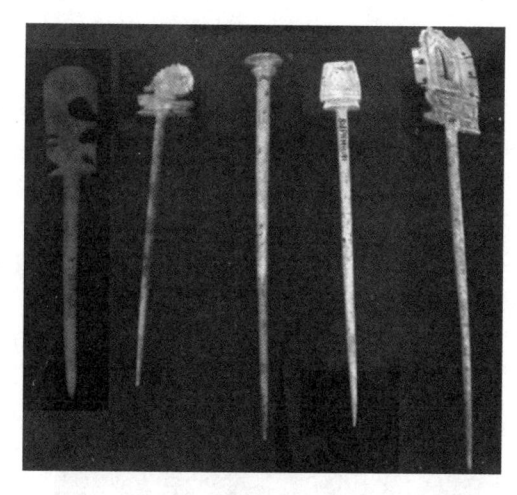

骨笄，安阳小屯出土。

兽面乳钉方鼎。商代前期青铜制品，出土于河南郑州。

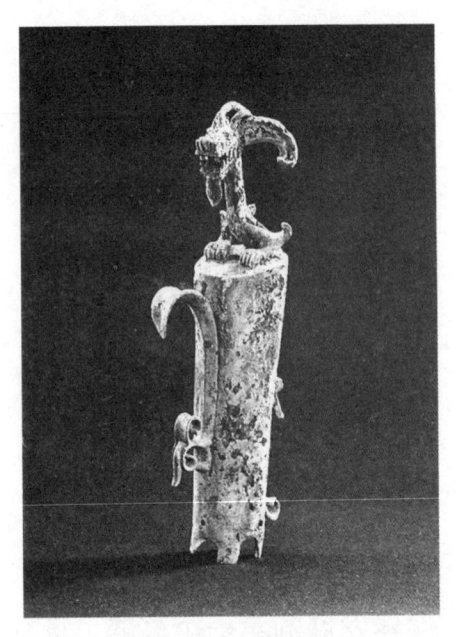

三星堆龙首异形器

商代末期子龙鼎

响极为深远，在距殷墟一千多公里之外的江西吉安大洋州镇出土了大量的商代青铜器，甚至更遥远的三星堆遗址中也出土了与商代相仿的青铜器。

历时六百年的商王朝创造了辉煌的青铜文明。它不仅在当时的世界上是屈指可数的几个古老文明之一，为世界文明史书写了光辉灿烂的一页，也给后续的周代文明以深远的影响。

商代晚期龙纹兕觥

中国社会科学院考古研究所所长 王巍

在中华五千多年文明发展的历史中,商文明是非常重要的一个环节。比如说青铜礼器种类齐全,制作技艺高超,都是前代所完全不可想象的。在商代,整个祭祀的体系已形成,中原王朝对重要资源青铜、玉,包括贝类的控制,都达到了前所未有的程度,对周围区域发挥了稳固的影响。中原王朝在政治上、技术上、文化上的优势,也达到了前所未有的程度。商代具备了较为成熟的政治制度,也具备了成熟的文字,几千年中华文明很多重要的、基本的文化基因都是在商代形成的。

武王克商

速盘

2003年1月9日下午,陕西眉县杨家村的五位村民,来到村头的崖上取土,他们并不知道一个举世瞩目的发现即将由他们揭开。这就是被中国文物界称为21世纪最为重要的考古发现之一的"眉县杨家村西周青铜器窖藏"。3月9日,这批窖藏青铜器被运往北京,在中华世纪坛世界艺术馆隆重展出,大批观众到馆参观,盛况空前。这个窖藏出土了二十七件西周晚期青铜器,前所未有的是,每件青铜器上都有铭文。其中有一件速盘,铭文长达三百七十二字,历数了西周王朝武、成、康、昭、穆、共、懿、孝、夷、厉、宣十一王的功业。铭文的叙述顺序,与司马迁在《史记·周本纪》中记录的西周诸王世系完全相同。在商王朝衰败之后,一个更为鼎盛的王朝在西方崛起。它就是对后世影响深远的西周。

古公亶父迁居周原。夏、商、周三代王朝,都是由历史悠久的古老部族建立的。当夏王朝和商王朝在中原大地上创造着辉煌的文明时,周族还是一个偏居一隅、寂寂无名的小部族。时至今日,学者仍然无法确定周族起源于什么地方。周人真正出现在人们的视野中,是在他们定居于渭河流域的周原之后。

在中国古代最早的诗歌总集《诗经》中,有一首篇名为《绵》的诗,记载了周人在部落首领古公亶父的带领下,迁居周原的故事。大约在商王武乙时期,原本定居豳地(今陕西旬邑)的周人不堪戎狄的侵扰,在古公亶父的带领下,渡过漆水河,翻越梁山,来到了岐山脚下的周原。

绵绵瓜瓞,民之初生,自土沮漆。古公亶父,陶复陶穴,未有家室。

古公亶父,来朝走马。率西水浒,至于岐下。爰及姜女,聿来胥宇。

周原膴膴,堇荼如饴。爰始爰谋,爰契我龟。曰止曰时,筑室于兹。

乃慰乃止,乃左乃右,乃疆乃理,乃宣乃亩。自西徂东,周爰执事。……

——《诗经·大雅·绵》

周原位于今陕西省扶风、岐山两县接壤地区，面积约二十平方公里。这里地处渭河谷地，地势平坦，河流众多，土壤肥沃，是关中降雨量最多的地区，气候温暖湿润，非常适宜农业生产。北有岐山山脉，南有渭河，构成周原天然的军事屏障。

岐山甲骨

在古公亶父的带领下，周人在这里开辟土地，建筑房屋，定居下来。

1977年，在陕西省岐山县凤雏村的一座西周建筑遗址的窖穴中，发现了一万七千多片甲骨，有字者近三百片。

与殷墟甲骨不同，这些甲骨普遍使用方钻，上面契刻的文字小如粟米，笔画细如发丝，需要用放大镜才能看清楚。这些甲骨应为商末周初的周人所有。经验表明，甲骨的发现总是在当时王朝的重要地区，不是王都，就是诸侯国都。

2004年12月，北京大学考古文博学院教授徐天进和他的几名学生，在岐山县西北的凤凰山南麓周公庙附近做调查时，偶然发现了几片西周甲骨。这一发现，迅速引起了考古学界的重视。经过半年多的努力，在周公庙遗址发现了大量西周甲骨和二十二座拥有墓道的高等级墓葬。这些墓葬中拥有四条墓道的墓葬有十座，三墓道、二墓道和单墓道的墓葬各四座。

墓道是商代以来高级贵族墓葬的重要标志之一。墓道的数量越多，标志着墓主人的身份越高。此前发现的西周诸侯墓葬，都是单墓道或双墓道的。周公庙的发现表明，埋葬在这里的是西周王朝身份最高的贵族家族之一。

在周原这片土地上，几代周人韬光养晦，殚精竭虑地谋划着周人的宏图大志。古公亶父在去世前，有意传位于小儿子季历。因为他经过观察，认定季历的儿子昌将是周人兴起的关键人物。昌就是为后世众多儒家经师和封建帝王推崇的周文王。周文王继承先祖遗愿，在他的领导下，周人的实力蒸蒸日上。

周人在周原有一个很长时间的发展过程，他们的文化也是在这里进一步成熟的。在这里，周人和西北地区好多处于青铜时代的族群有过联系。周人克商的思想，应该起源非常早，起码在王季时就有了。王季是不是王还不确定，可能是后人追溯的。古公亶父带领人民迁到周原，兴建周邦，并使自己强大起来，但说到"克商"，也许那时他还没有这种自信。

迁都丰邑，完成克商的准备。相传，吕尚听说，和商王纣的刚愎自用相反，周文王笃行仁义，敬老慈少，礼贤下士。于是，他到周文王出猎的地方垂钓，只下鱼钩，不上钓饵。周文王在出猎前经过占卜，说他这次出猎，捕获的不是猛虎野兽，而是霸王之佐。周文王出猎遇到了吕尚，为他的话所折服："我的先君太公说有圣人到周，周就会兴起。你就是太公久久盼望的那个圣人啊。"于是，周文王称吕尚为"太公望"，拜他为师。姜太公吕尚日后成为周文王、周武王最重要的辅佐大臣之一。

　　周文王是西周的奠基人，相传活了九十七岁，在位五十年。他为灭商做了大量艰苦细致的工作，其中最重要的就是人才的积聚。他与姜太公吕尚的相遇也许只是一个传说，但却是周人广揽人才的一个缩影。

周文王像

姜尚像

商王朝是一个复合制国家，在它的统治中心周围，存在着许多由不同部族构成的小的诸侯邦国，周也是其中一个。他们与商王朝之间是一种相对松散的政治联系，商王朝与他们没有绝对的统属关系。在这种体制下，争取诸侯的支持，是发展自身力量的一个重要手段。

诸侯之一的九侯，将女儿嫁给了商王纣。但九侯的女儿不喜欢纣那种荒淫的生活，纣生气了，杀了她，还杀了她的父亲九侯，并把她父亲做成了肉酱。另一个诸侯鄂侯为这件事，向纣谏诤，纣又杀了鄂侯，将其做成了肉脯。此举使得商王纣在诸侯中尽失人心。与此同时，在岐山周原，周文王为政以德，礼贤下士，赢得了许多诸侯的支持。

《史记·周本纪》记载，虞、芮两国的国君因为国土问题有了争执，找周文王仲裁。进入周境后，发现周人都在相互谦让，种地的人相互谦让田界，走路的人互相让路。两位国君非常羞愧，感叹说：我们所争的，正是周人所耻的，为什么要自取其辱呢？于是各自回国，相互谦让原先争执不下的土地。这件事传出去后，许多诸侯更加折服文王的德治，纷纷向周靠拢。

周的发展威胁到了商，引起了商有识之士的注意。于是，商王纣把文王关到羑里。文王的大臣们把美女、奇珍异兽献给纣，纣高兴地说：只要送其中的一样，我就可以释放西伯，何况送这么多呢！

纣不仅释放了周文王，还赐给他象征征伐权力的弓矢斧钺。归来后的周文王一方面继续臣服于商王朝，另一方面利用纣赐给他的征伐大权，开始了武力征讨。他先伐犬戎、密须（今甘肃灵台），消除来自西方的威胁，巩固后方。然后，挥师东向，在铲除了商王朝在西部地区最顽固的属国和屏障崇国（今河南嵩县以西）后，周文王沿渭河向东，将国都迁到了沣河西岸，建立了丰邑（今陕西西安长安区的客省庄、马王村和新旺村一带）。迁都丰邑之后的第二年，周文王去世了。他的儿子周武王即位后，继续东进，将都城迁到了沣河西岸的镐（今陕西西安市长安区斗门镇花园村、普渡村至落水村、眉坞岭一带）。

人面钺

如果说早期周人在周原的时候，还主要是打基础、建立根据地的话，到了文王时期，周族势力继续向东发展，意图很明显，就是为了取代商，控制东方。

在商都朝歌，纣王还是夜夜笙歌，醉生梦死。苦苦劝谏的王叔比干被剖心；王叔箕子假装疯癫，仍然被囚禁；庶兄微子去意已决。人人自危，商王纣真正成了孤家寡人。而在周都镐京，周武王励精图治、笃行仁义、礼贤下士，贤人辐辏，诸侯归心。商

周武王像

朝掌管国家祭乐的太师、少师抱着祭祀仪式所用乐器投奔周人。周武王东征，前来响应的诸侯达到八百之多。经过四代人的努力，周人的兴国大计终于可以实施了。

武王克商的年代——夏商周断代工程。北京中华世纪坛的甬道有一条常年流水的水槽，水槽下面是用青铜板镌刻的逐年记录的中国历史。这里最远的纪年止步于公元前841年，即西周共和元年。也就是说，在公元前841年以前，无论是战争还是改朝换代的历史都没有纪年，模糊不清。为了解决这个问题，1996年5月，"九五"国家重点科技攻关项目——夏商周断代工程正式启动。这一科研项目，涉及历史学、考古学、天文学等学科，直接参与的专家学者达两百多人。工程下设九个课题，武王克商年代的研究就是其中的一个课题。

经过缜密的思考和科学的论证，夏商周断代工程为解决这个问题制定了两条途径：一是通过对关键性考古遗址的分期和测年，并对甲骨文日月食以及文献记载进行综合分析，缩小武王克商的年代范围；二是在以上范围内，通过金文排谱和对武王克商的天文学推算，寻找出克商的可能年代，最后加以整合，选定一个最佳年代。2000年11月，《夏商周断代工程1996—2000年阶段成果报告（简本）》正式公布，将武王克商的首选之年定在了公元前1046年。

关于武王克商的年代,至少有四十四种说法,最早的是公元前1130年,最晚的是公元前1018年,前后相差一百一十二年。而从文献学的研究来看,整个西周也不过四百多年,这样大的误差难以让人满意。武王克商这件事,是商、周两代的分野,确立这一年代定点,就可以安排西周王年,并上推商年和夏年,是三代年代学的关键。所以夏商周断代工程一启动,这个问题就成为整个工程最重要的课题之一。

断代工程在克商年的可能范围之内,通过现代天文方法回推克商天象,得到了公元前1046年、公元前1044年、公元前1027年三个克商年的方案。三个方案都在由相关系列C14测年以及由甲骨文日食月食推定的克商年的范围之内,都有一定的合理性,但都无法满足文献所给出的全部条件,因此,只能根据其满足的程度,以及与金文历谱匹配的状况来选定最优解。最后,断代工程认为公元前1046年为武王克商的首选之年。

牧野之战。越是远古的史迹,越难以恢复它的本来面目。武王伐纣的事实,仍然包围在种种迷雾和争论之中。现在我们借助历史学家的工作,尝试追寻武王伐纣的历程。公元前1046年周历一月癸巳,周武王率军从镐京出发,行军二十五天,到达盟津(今河南孟州),渡过黄河。在这里,周武王会合前来襄助的诸侯国军队,誓师出发,经过怀(今河南武陟)、共、戚、百泉(皆在今河南辉县),六天后,到达了商都朝歌(今河南淇县)郊外的牧野。二月甲子日清晨，周武王诰誓全军与商王纣的军队展开了决战。

关于这场战役，历史上有两种说法，一种说法是战斗非常惨烈，双方士兵血流成河，都能将木棒浮起来；另一种说法是商军前徒倒戈，引领周军攻入商都朝歌，并没有什么激烈的战斗。

历史的真相究竟如何呢？1976年在陕西省临潼县发现了周武王手下一个名叫利的官员所制作的一件青铜器——利簋，它的铭文也许可以告诉我们一些事实。利簋的铭文明确说，武王在甲子日的早晨伐商，晚上就占有了商。战斗在一天之内就结束了。一天之内就结束的战争，大概不会太过激烈。在战争之前，民心向背，已经决定了这场战争的走向。

利簋

利簋铭文：武王征商，唯甲子朝，岁鼎，克昏夙有商，辛未，王在阑师，赐有事利金，用作檀公宝尊彝。

进入朝歌后，周武王举行仪式，宣布接受天命，取代商王朝的统治。他诰誓商人，声称是商王纣的残暴统治使上天改变了心意，他诛伐的只是纣一人，而非全体商人。他希望商人接受周人的统治，安居乐业。

针对商王纣的暴政，周武王做出了一系列举措：释放箕子，释放被纣关押的无辜百姓，修葺比干的墓地，修缮商贤人商容居住的闾里，发放钱财，开仓放粮，赈济贫民等。回师途中，他"纵马于华山之阳，放牛于桃林之虚；偃干戈，振兵释旅，示天下不复用也"，将战马放于华山之阳，将拉战备物资的牛放牧于桃林之墟，收拾起干戈，解散军队，向天下宣布从此不再用兵。

天命靡常，唯德是依——小邦周打败大邑商的历史启示。后母戊大方鼎，是迄今为止发现的最大、最重的青铜器，是商人为祭祀祖先铸造的。商人认为天命神祇决定现实的一切，他们要做的就是诚心地进奉神灵。他们每天都在为各种大大小小的事，不厌其烦地进行着一遍又一遍的占卜，探寻着神灵的意思，对神灵进行丰厚的献祭。

笃信天命，直到商王朝灭亡的那一天也没有变。

牧野决战历时仅一天，周王朝的胜利看似摧枯拉朽、势不可当。事实上，牧野决战中，周武王率领的周师只有兵车三百乘，精锐勇士三千人和佩带盔甲的士兵四万五千人。而商王纣组织了七十万大军应战。

《荀子·儒效》上说，周武王出兵伐纣时，以兵家忌讳的日子出兵，出兵的时候东面而迎太岁，军队到了汜水遇上河水上涨，到了怀地河水泛滥，到了共头山体崩摧，出现了一系列不吉利的自然现象。周武王的弟弟霍叔说："出三日而五灾至，无乃不可乎？"这个记载其实是周人不自信的表现。如果不是周武王、周公等人的坚持，这次出兵可能就会半途而废了。所以能在一天之内就攻进朝歌，迫使商王纣自杀，这件事对于周人来说本身就是个奇迹。

周人一直称自己为"小邦周"，而称商为"大邦殷""大邑商"。和当时繁盛的商文化相比，克商之前的周文化乏善可陈。小邦周打败了大邑商，看似强大的商王朝轰然倒地，这一现象不能不引起周人的思考：什么是天命？号称掌握着天命的强大的商朝为什么会灭亡？天命是可靠的吗？

荡荡上帝，下民之辟。疾威上帝，其命多辟。天生烝民，其命匪谌。靡不有初，鲜克有终。

文王曰咨，咨女殷商！曾是强御，曾是掊克；曾是在位，曾是在服。天降慆德，女兴是力。

文王曰咨，咨女殷商！而秉义类，强御多怼。流言以对，寇攘式内。侯作侯祝,靡届靡究。

文王曰咨,咨女殷商!女炰烋于中国,敛怨以为德。不明尔德,时无背无侧。尔德不明,以无陪无卿。……

——《诗经·大雅·荡》

在这首名为《荡》的诗里,周人借文王的语气给出了答案:天上的上帝,是下民的领袖。天生众民,为民立君。上天看中了你们殷商的德行,降天命于你们身上。可是你们自己咆哮于中国,敛怨以为德。所以上天改变了天命,毁灭了你们的王朝。你们的灭亡是咎由自取,怪不得上天。

对比殷墟甲骨文中的"德"字,西周金文的"德"字加入了"心"符。古人认为心是思考和指导人行动的器官。加入了"心"符的"德"字,将人的行为和思想联系了起来。在殷墟甲骨文中,"德"字既不常见,也不突出。而在西周金文和文献中,这个字一次又一次地被周人提到,成为一个突出的概念。

甲骨文"德"字没有"心"符,说明当时"德"的观念还没有深入到人的心灵这个层次。当时的社会思想中,对神灵的盲目崇拜占据着主导地位,"德"的观念还没有从天命神意的观念下解放出来,人们用"天德"来解释问题,认为一切都是神灵赐予的结果。西周金文的"德"字,加入了"心"旁,意味着周人的"德"观念带有了更多的理性思考色彩。周人还将"德"和正、明、敬连在一起,将"德"上升到了关系国运的高度。他们说,夏朝因为不敬德，所以早早地失去了天命；商朝因为不敬德，所以早早地失去了天命。将天命是否眷顾与人自身的德行努力联系起来。周人认为，是周文王之德，使上天降命于周，实现了以小邦周取代大邑商的奇迹。

商人以天命的赐予是无条件的，周人则认为这种赐予是有条件、有选择的。文王之所以能够受天命，是在于他的"德"之"纯"。从先秦时期的文献资料看，文王之德主要有惠保小民、与民同乐、勤政节俭、礼贤下士、恭祭先祖。这些内容归结到一点，就是敬奉天命。

春秋末年的孔子这样总结商人和周人的天命观的差异："殷人尊神，率民以事神，先鬼而后礼……周人尊礼尚施，事鬼敬神而远之，近人而忠焉。"面对小邦周取代大邑商的时代巨变，周人理性地提出了天命靡常、惟德是依、敬德保民的天命观，从此凿破鸿蒙，破除了神权至上的社会氛围，开始了对人自身努力的关注，是一次思想的解放，人性的解放。

《诗经·大雅·大明》有关周文王身世的记载："大任有身，生此文王。"

从公元前1046年武王灭商，到公元前256年周赧王去世，周王朝历时七百九十年，传三十七王，是中国历史上历时最长的朝代。公元前770年，周平王为了躲避犬戎之害，将都城迁到洛邑，此后的一段时期，在历史上被称为东周。与此相区别，公元前771年以前，定都镐京的周王朝，在历史上被称为西周。西周王朝历时二百七十六年，历经武、成、康、昭、穆、共、懿、孝、夷、厉、宣、幽十二王。

经过成、康、昭、穆几代的努力和发展，到西周中期，西周国家的疆域已经覆盖了今天的河南、河北、山东大部、陕西中部、晋南、辽宁西南角、安徽北部，以及湖北汉东地区，是夏商周三代中，幅员最为广阔的国家，而其文化影响力则辐射到更为广大的地区。

周公摄政

周公像

克商后两年,周武王在镐京病重。临终前,他召见弟弟周公,把年幼的太子诵托付给周公。周武王深知,他即将留下的是一个危机四伏的王朝,他需要给这个新兴的王朝找一位可靠的监护人。这个被选中的人就是周公。周武王一定不曾想到,他的这个应急之举,不仅给西周王朝奠定了繁荣百年的基石,更奠定了传承千年的中华文明的根基。

周公东征。从2004年开始,考古工作者在岐山县西北的凤凰山南麓周公庙附近,陆续发现了二十二座拥有墓道的高等级墓葬。其中,有十座拥有四条墓道的墓葬,四座三条墓道的墓葬。和它们相伴的是七千多片甲骨,其中有刻辞的甲骨六百八十八片。多片甲骨中有"周公"两个字。墓道是商代以来,高级贵族墓葬的重要标志之一。墓道的数量越多,标志着墓主人的身份越高。四条墓道则是目前发现的墓道的最高等级。此前发现的等级最高的西周墓葬,也只有两条墓道。甲骨是商周贵族占卜用的工具,历年的考古经验表明,占卜甲骨只在王都和诸侯国都出现。周公庙的发现表明,埋葬在这里的是西周王朝身份最高的贵族家族之一。学者推测这里和周公家族有密切的关系。

这个家族的每一位族长都被称为周公。他们中间最有名的一位周公是周文王之子,周武王的弟弟,名为旦,在后世周公成为了他专有的称谓。

周武王去世后,年幼的太子诵即位,他就是西周王朝的第二位君主周成王。周公以摄政的身份总领全局。这个大局统揽的摄政者,还没有来得及实施他的政治理想,在东部地区,一场酝酿已久的叛乱,已经席卷而来。

周成王

周武王仅用一天时间就攻克商都,迫使商王纣自杀,看似以摧枯拉朽之势终结了商王朝的统治。但是他还没有足够的力量去真正摧毁商人的根基。在离开朝歌前,周武王封商王纣的儿子武庚留居殷商故地,继续统率商人。同时他封自己的弟弟管叔、蔡叔、霍叔于其周围，监视和防备商人的活动，号称三监。这种监视的方法显然过于简单化。回到镐京的周武王，夜不能寐。该怎么样让这些殷人真正臣服，该怎么样统治这并不真正为自己掌控的广大国土？在余下的日子里他没有，也来不及拿出更好的办法了。

蛰伏在商人旧地的武庚一直在等待，等待一个东山再起的时机。现在这个时机到来了。他挑拨对周公摄政感到不满的三监，联合起来进行叛乱。和商人关系密切的奄和蒲姑两国也伺机而动。整个王朝的东部地区陷于混乱之中。在仔细权衡了形势之后，周公果断决定率军东征。

这场战争持续了三年。战争的残酷和艰难远远超出了人们的想象。东征的周公是坚定的，不彻底镇压这次叛乱，他绝不班师。凯旋的周公脸上并没有胜利的喜悦。他在思考，在回想那场刚刚过去的，牺牲了他成千上万士兵的战争，他要彻底解决周武王留下的问题。

封建亲戚，以藩屏周。分封制在夏商就已经存在。一般认为，那时的分封制度，是在氏族方国的自然分化之下形成的，对旧有的方国氏族原地认定，把它们纳入夏商王朝的统治之下。周武王克商之后，沿袭了这种做法。像封商王纣之子武庚于殷，继续统率殷人，就是这种做法。他同时立了自己的三个弟弟为三监，想防范武庚。但是，三监之乱说明这个办法行不通。与以往的分封不同，从周公摄政时期开始的大分封，是一个自上而下的有目的的、自觉的政治行为。它是周人在新占领的广大领土上，

以推行分封的方式，用政治手段人为地建立经过设计的政治格局。周公成王时代的大分封，以姬姓的王室裔亲和异姓的姻亲为主。战国后期的大儒荀子称，周公制天下，"立七十一国，姬姓独居五十三人"。

宜侯夨簋及铭文

1954年出土于江苏丹徒烟墩山的宜侯夨簋铭文，记录了西周康王时期，宜侯夨由虞侯改封为宜侯的册命过程。这篇大约一百三十字的铭文为我们提供了一份西周分封制度的具体样本。

在分封之前，周康王认真考察了地图，确定了分封的范围，并在宜地的宗庙举行了祭祀。然后在一个特别选定的日子，举行仪式，宣读册命的诰辞：将虞侯夨改封到宜地，做宜侯，给予一系列的封赏。

虞侯夨改封于宜，是因为周康王认为需要加强对南方的控制。每一个受封的西周诸侯国，都是西周王室的一个军事据点，是王室的地方代言人，代行周的统治。这些诸侯国对王室承担着这样那样的义务，而其中最重要的就是在军事上形成对王朝的护卫。经过大分封，形成了"封建亲戚，以藩屏周"的统治局面。诸侯国享有相当的自治权利，王室则通过对其执政卿的任命，和由王朝直接派遣官员监国来实现对诸侯国的控制。每一位新的诸侯国君即位时，必须得到周王的册命，他的身份才能得到正式的认可；诸侯国君还必须在固定的时候去朝见周王。

在宜侯夨的封赏清单中，最为引人注目的是这几条：

锡土，厥川三百□，厥□百又廿，厥□邑卅又五，□□百又卌。

锡在宜王人□又七姓。

锡郑七伯，厥□□又五十夫。

锡宜庶人六百又□六夫。

宜侯夨在被封在宜地的同时，还受封有一定的民众。这就是西周分封制度的核心"授民授疆土"：受封的诸侯，会同时得到土地和人民的封授。

每一个分封都有明确的目的。卫国（初封朝歌，今河南淇县），是周公之弟康叔的封国，商都朝歌所在。伐灭武庚后，康叔受封于此，目的是在原来的商人核心区加强周人的统治。

鲁国（今山东曲阜），是周公长子伯禽的封国，原来商代重要的属国奄国所在，奄国也是周公东征的主要讨伐对象之一。鲁国的受封是为了加强对东夷控制。

齐国（今山东淄博），是姜太公吕尚的封国，是周公东征的另一个主要讨伐

《左传·定公四年》中有关周王分封唐叔的记载。

克盉　　　　　　克罍　　　　　　铜面具，北京琉璃河出土。

对象蒲姑所在。齐国的受封也是为了加强对东夷的控制，并且和鲁国互为支持。

燕国（初封今北京琉璃河），是姬姓王室重臣召公长子克的封国。燕国的受封是为了防范北方的少数族。

晋国（初封今山西翼城县），是成王之弟唐叔虞的封国。晋国的受封是为了防范北方的诸戎，同时保证镐京和东都洛邑的通路。

从1973年开始，考古工作者在北京西南房山区的琉璃河地区，发掘了大量西周时期的墓葬、居住遗址和城墙遗址。1986年，考古学者发现了一座西周初年的大墓M1193。墓葬在发现时已被盗掘。所幸，盗墓贼还留下了两件铸刻着同样铭文的青铜器（克罍、克盉）。这两件青铜器的铭文记载了周成王封召公长子克为燕侯的事情，证实了这里就是西周初期所封的燕国所在。

20世纪90年代，考古工作者在晋南的天马—曲村遗址发现了西周晋国的公室墓地，总共发现了九组十九位西周时期的晋侯及夫人墓葬，和《史记·晋世家》所记的晋侯世系完全相对应。考古发现表明，这里一直是西周时期晋国的国都所在。

1997年，在距离文献记载中的西周宋国国都商丘六十公里的河南鹿邑太清宫，考古工作者发现了一座有两条墓道的西周初期的大型墓葬。这座大墓展示了以往只有在安阳这样的殷商中心区才能看到的，具有商人特色的壮观的埋葬方式。墓中出土了大量可以和殷墟妇好墓媲美的、精致的、具有商代晚期和西周早期特点的青铜器。宋国，是商王朝末代君王纣的庶兄微子启的封国。鹿邑太清宫大墓这个自称"长子口"的墓主，让学者们自然而又必然地将他和西周宋国的建立者——微子启联系起来。

在鲁国故城的周代墓葬中，考古工作者发现这里的墓葬按照埋葬习俗，可以分为俨然不同的两组：甲组墓葬盛行腰坑殉狗，乙组墓葬则绝无腰坑殉狗。研究者认为这是商人葬俗和周人葬俗的表现，与文献中所记载的鲁国受封时，封有六个殷人氏族的情况正好吻合。同样，卫国在受封时，封有七个殷人氏族，晋国则领有九个怀姓的宗族。

商周时代的人们，由于生产力水平低下，大都是聚族而居。实力强大的旧族，对西周的统治是一种威胁。三监之乱后，周人想出了一种解决旧族势力的新的安置方法，就是把他们迁出传统聚居地，并且分散其族众。西周封建过程中，诸侯受封有一片土地的同时，还受封有一定的人民。这些人民，是以族为单位分封给诸侯的。他们可能是这片土地上的原住民，也可能是从别处迁来的。像卫康叔领有的七个殷人氏族，大概就是当地的原住民。

而鲁侯伯禽受封的六个殷人氏族，就是随伯禽受封迁过去的。这六个殷人氏族和伯禽所带的周人氏族，构成鲁人的主体。以往的国都是因氏族的自然聚居而形成的，偏重于血缘关系，这个时候的国就有了地域的概念。这其中的意义非同小可。西周分封以后，血缘和地域结合起来，它标志着血缘政治向地缘政治的迈进。

北京大学历史系教授 朱凤瀚

周公和成王之所以能够分封，也跟周公二次东征有关系，周公第二次又再一次灭了商，彻底摧毁了商王朝，等于完全消除了很强的敌对势力，这种情况下如果不是二次克商的话，后来的齐鲁都不可能分封，因为那个时候安阳都在商人势力范围之内，他的东边还有好多商移民，周人势力到不了那里，因此分封只有在周公的时候才有条件。这些在《左传》上都有记载，就是封赐谁到哪去，王要参加而且要赏赐很多东西，这是很隆重的一件事情。周人封建的主要目的在文献上有明确的记载，就是要建立巩固周王朝的屏藩，让他们守卫在一些边缘地区，防止周边夷狄对周王朝的侵犯。而且，被分封的诸侯可以在这个基点上扩张，这等于是使王朝的领土不断伸展。

"家国同构"——西周的宗法社会。在实行分封制的同时，西周王朝推行宗法制。在同一宗族内部，以嫡长子为大宗，其余诸子为小宗，大宗和小宗之间是等级从属关系，这样层层下推，一再分宗，形成了一系列大宗和小宗。

宗法制度下，周王是唯一的、绝对的大宗，各地的诸侯为小宗。而诸侯国内，诸侯为大宗，他们再次分封的子弟为小宗。这些子弟还可以再通过分封，分出大宗和小宗。每个小宗都有自己的宗子作为宗族长，而小宗又统于高一级的大宗。大宗和小宗之间，既是血缘宗法上的嫡庶大小关系，又是政治上的君臣上下关系。

西周金文中，女子以她的姓氏来称呼。金文中的"王姜""王姞"，都是周王的王后，分别是姜姓和姞姓。西周王室姜姓的王后最多，从武王到厉王，每隔一代，就会娶一位姜姓的王后。此外，还有姞姓、姒姓的王后。但绝对没有和周人同姓的姬姓的王后。周人奉行"同姓不婚"的原则，禁止同姓之间通婚。周王室必须和异姓的诸侯国通婚。周王室和异姓诸侯国之间就建立起了姻亲关系。各级贵族也是如此，必须和异姓的贵族通婚。通过联姻，异姓贵族被纳入了周人的宗法体系。

周王称呼比自己年长的同姓贵族为"伯父"，比自己年轻的同姓贵族为"叔父"；称呼比自己年长的异姓贵族为"伯舅"，比自己年轻的异姓贵族为"叔舅"。他们之间并不一定就真正存在那样密切的亲属关系。通过宗法制，周王室和贵族之间，以及贵族和贵族之间，确立了宗法上下和君臣上下并存的等级关系。整个社会处于一个宗法的网络之中，而这个网络的中心点，是绝对的大宗——周天子。这个绝对的大宗同时又是王朝的最高统治者，拥有王的称号。就这样，周人建立了一个以"尊尊""亲亲"为原则的等级社会。

大盂鼎，内壁有铭文二百九十一个字，记载了周康王对大臣盂的册命。

在西周金文中，西周的都城镐京，又被称为宗周。通过宗法制，血缘亲疏关系被成功地引入政治领域，西周王朝缔造出了一种"家国同构"的政治结构。

西周王朝的制度和夏商两朝的关系，自孔子以来就被认为是因袭和继承的关系。1917年，著名学者王国维发表了《殷周制度论》一文，打破了这种认识。

在这部著作中，王国维提出"中国政治与文化之变革，莫剧于殷、周之际"。他认为周取代商，是"旧制度废而新制度兴、旧文化废而新文化兴"。王国维认为，周人制度和商最大的不同为：一是立子立嫡之制，由此产生了宗法和丧服制度，并由此产生了分封子弟的制度；二是庙数之制；三是同姓不婚之制。他认为，西周之前天子和诸侯之间没有君臣之分，天子是诸侯之长。西周推行分封制和宗法制，确定了天子的尊贵地位，从此，天子成为诸侯之君。在西周的分封和宗法制度下,天下之国,都是王的兄弟、甥舅,而诸国之间也都有兄弟、甥舅之亲。王国维说这就是周人的"一统之策"。

分封和宗法制度,是氏族血缘关系仍然在社会生活中占据重要地位时,周人创造性发明的一种有效的国家控制方式。通过分封制度,周人终于建立了一个拥有广袤领土的强大国家,他们不再是小邦周,而是"溥天之下,莫非王土;率土之滨,莫非王臣"的大国。分封制度使西周王朝的统治触角伸向了遥远的地方。

周公制礼作乐坊

《礼记》书影

周公制礼作乐。金文礼字，像玉放在祭祀器物上。学者认为，礼本来是原始社会的风俗习惯。进入阶级社会，贵族们将原来的风俗习惯加以改造和发展，逐渐形成了要求各等级成员遵守的礼仪。作为稳定统治的一种方式，夏、商两代都创设了属于自己的礼制。周公摄政时期，西周王朝参照夏商两代的礼仪，制定了自己的礼仪规范。大约在周穆王时期，周礼最后确定和完善下来。

西周王朝将贵族分成不同的等级，实行等级爵位制。自天子以下，王朝贵族分为公卿、大夫、士三级，诸侯分为公、侯、伯、子、男五级，诸侯之臣又有卿、大夫、士的划分，各自遵守不同的礼仪规定，不得逾越，以此来维护社会的安定和秩序。在指导思想上，周礼讲究尚德、尊尊、亲亲、敬老、慈幼，成为对后世颇有影响的道德规范。

《周礼》《仪礼》《礼记》是礼经的三部典籍，并称三礼，被认为是记载了西周王朝的制度礼仪规范的典籍。从汉代开始，国家立先秦时期的典籍《诗》《书》《礼》《易》《春秋》为五经，作为最为重要的官方学术典籍。对后世封建王朝来说，三礼不仅是国家学术经典，也是他们制定国家礼仪的指导规范。

周公创造性地发明了周礼，通过一系列贯彻于每个社会成员的礼节，规范了人们的行为准则，使整个周王朝成为一个非常有序的礼仪文明之邦。这正是周公最希望实现的理想。

中国社会科学院学部委员、历史研究所副所长 王震中

周公应该是礼乐文明的代表。从出土的西周青铜器看，到了西周中期以后，王朝礼仪确实已经比较齐备。春秋时候的社会还是非常讲礼仪的，那是继承西周的文化传统，礼乐文明对中国政治产生了很深的影响。

周礼被后人细分为吉、凶、宾、嘉、军五礼，涉及社会生活

军礼

凶礼

的方方面面。

其基本框架是政治制度、设官分职,是一整套维护君臣宗法和上下等级的典章制度。周礼的诞生是中国社会发展的巨大进步,使整个社会从巫术走向礼治。

与礼相伴的是乐,礼讲稳定,乐讲和谐,周公制礼作乐,使中国社会不仅长期稳定,而且充满了和谐之美。华夏文明从此进入礼乐文明时代。

北京大学高等人文学院教授 杜维明

周公制礼作乐深深地影响了中国。商朝时,世人信奉鬼神,事事占卜;直到周公制礼作乐,中国人的视野才更多地由神转向人、转向伦理、转向礼仪……中国从此真正地成为礼仪之邦。

宅兹中国——营建洛邑。在周公的苦心经营下,周初那种暗

何尊及其铭文

潮涌动的局面得到了彻底改变。

1965年,陕西省宝鸡市博物馆的工作人员,在一个废品收购站收购了一件西周早期青铜器。十年之后,文物学家马承源在器底内胆发现了铭文。让他吃惊的是,铭文中有"中国"二字。这就是铸造于西周成王五年的,国家明令禁止出国展出的六十四件国宝级文物之一的何尊。铭文中的"中国"指的是西周的东都成周洛邑。

在古代中国人的心目中,天命只能降于处于天下的中心——"中国"的王者。洛邑正是商周时代的天下中心。周武王回到镐京后,希望能在洛邑修建新都。周公摄政的第五年,周人营建了东都洛邑。洛邑建成后,周人举行了隆重的落成仪式,将其命名为成周,意思是周人的建国大业最终完成。周成王七年,周公在成周洛邑举行了隆重的仪式,还政成王,履行了自己的诺言。

在汉朝人所作的《尚书大传》中,称摄政的七年里,周公"一年救乱,二年克殷,三年践奄,四年建侯卫,五年营成周,

山东曲阜周公庙,始建于宋代,历经宋、元、明、清四代六次修建。

陕西岐山周公庙,始建于唐高祖武德元年,经历代的不断修缮,距今已经一千三百九十余年。

六年制礼作乐,七年致政成王"。至此,周王朝已稳如磐石。

周公在摄政的七年中,为西周王朝奠定了大政方针。

经过周公摄政,西周王朝确立了天命无常、敬德保民的思想;经过周公摄政,西周王朝建立了分封制,向一个地域国家迈进;经过周公摄政,西周王朝建立了宗法制,创立了家国同构的政治结构;经过周公摄政,西周王朝建立了礼仪制度,华夏文明从此被打上了礼乐文明的烙印。周公去世后,周成王将他和祖父周文王葬在一起,表明自己不敢以周公为臣。

周公所遗留的政治、文化遗产是孔子和儒家思想的主要资源。孔子之后的一千五百年间,中国文化一直以周孔并称,既表明周公与孔子一脉相承的联系,又充分显示出周公享有的重要文化地位。历史学家杨向奎说:"没有周公,不会有武王灭殷后的一统天下,没有周公,不会有传世的礼乐文明,没有周公就没有儒家的历史渊源,没有儒家,中国传统的文明可能是另一种精神状态。"

周王室的衰落

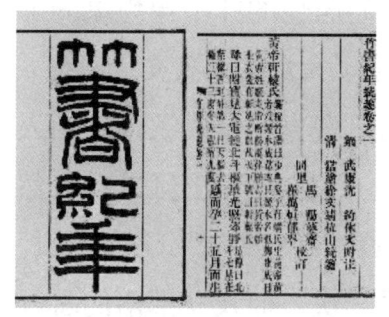

《竹书纪年》

西晋太康年间，在汲郡，也就是今天的河南卫辉，发掘了一座战国古墓。这座据称是魏安釐王墓的古墓，现在已经无处寻踪，但是墓中出土的大量竹简古书，却在历代学者的努力下，被部分地保存了下来。在这些被统称为"汲冢书"的书中，有一部《穆天子传》，被学者称为中国小说的鼻祖。这部史实与怪诞传说相交错的书，记述了西周穆王西征巡行的传奇故事。西周王朝在周穆王时期达到了它的鼎盛，疆域广大，东到大海，北到辽宁，西到甘肃，南到江汉流域，都处于西周王朝的控制之下。国家的各项礼仪制度已然定型。作为西周时期在位时间最长的君主，周穆王四出征讨、巡游，炫耀着西周王朝的武力和实力。然而，王朝的危机正在这繁华之下渐渐生成。

周穆王出征——"戎狄交侵，暴虐中国"局面的出现。周王朝衰落的起源，显然与周穆王征讨西北部落——"戎狄"有重要的关联。

在西周，西方的戎部落与北方的狄部落一样，都被西周王朝视为落后的异族。在一些古文献的记载中，戎、狄部落远离西周王城，世代居住在周朝九州之外的荒远地区，比蛮夷部落还要落后。其实，从现在的考古发现可以得知，他们居住的并不像想象的那么偏远，在陕西、山西、河北等地都发现了大量的戎狄文化遗存。

在没有现代交通工具的周朝，无论是蛮夷还是戎狄，在周人的心目中，他们都远离王城，与中原的礼仪没有任何关系。然而，在强大的周王室要求下，蛮夷戎狄需要定期向周王室上贡。据《国语》记载，蛮夷部落每六年进贡一次，而戎狄部落的首领则只要终身朝贡一次即可。

在周公制礼作乐并建立一套完整的分封宗法制度后，周朝真正成为礼仪之邦，物阜民丰，文化昌明，受到许多边远少数族的羡慕和尊崇。戎狄部落就是其中之一。他们羡慕中原的礼仪文化，在周朝的影响下，他们也渐渐接受了一些礼仪文化，以此与周朝和平相处。然而，周穆王好大喜功，他很随

内蒙古乌海市卓子山岩画

意地就要打破这种平衡，打算进一步控制戎狄。当周穆王出征戎狄时，祭公谋父极力进谏，认为戎狄部落一直遵守周朝先王的要求，天性专一，遵循旧德，而周穆王的出征根本就没有道理，可能直接导致周朝统治出现危机。即便胜利了，周王朝也只能落个失德的名声。周穆王不听劝谏，率大军出征。事实是，在耗费了大量的军力后，周穆王只带回四只白狼、四只白鹿，而戎狄部落从此不向周朝供奉，断绝了与周朝的正常往来。

中国社会科学院历史研究所研究员 刘源

周穆王的统治，在古书里评价就是"荒服不至"，所谓"荒服"就是臣服于周朝的周边这些少数民族。

周穆王西征之后，戎狄部落反而更加强大，反过来不断侵扰周朝，出现了"戎狄交侵，暴虐中国"的局面，周人深以为苦。周穆王死后，依次即位的是共王、懿王、孝王、夷王，他们被称为中期四王。中期四王仅能守成，周王朝的对外政策由主动进攻，变为以防御为主。

更要命的是，随着时间的推移，比外部祸患更具杀伤力的隐患正在不断加强，周朝的内部出现了危机。

清华大学历史系教授 李学勤

西周王朝本来对各诸侯国国内的一些政治问题管得很多，

超过人的想象，比如说继承权等这些问题都要管。可是后来越管越不行了，王朝的势力越来越弱，这样就造成了分裂的重要原因。

夷王下堂——周王室地位的下降。通过分封和宗法制度，西周王朝建立了"封建亲戚，以藩屏周"的格局。依靠着地方诸侯的辅助，周王室实现了对一个领土广大的王朝的掌控。然而西周分封制度是一柄双刃剑，它同时赋予诸侯高度自治的权力。虽然周人说他们的王朝"溥天之下，莫非王土"，但是在分封制度下，周王室能够直接控制的区域只集中在宗周镐京和成周洛邑被称为王畿的不大的区域内。诸侯在诸侯国内有其独立的行政和军事权力，很容易发展自己的实力。诸侯实力的增加，一方面能够给西周王室提供更为有力的保障；另一方面，由于缺乏强有力的监管措施，诸侯国离心力也日益加强。

在推行分封制的同时，西周王朝实行宗法制，利用血缘宗法关系加强周王在政治上的凝聚力。然而，随着世代的更迭，地方诸侯和王室的血缘亲属关系不断减弱，由宗法制联系起来的亲密的君臣关系也随之不断削弱。

《礼记·郊特牲》："觐礼，天子不下堂而见诸侯。下堂而见诸侯，天子之失礼也，由夷王以下。"

周懿王死后，太子燮没能继承王位，登上王位的是懿王的叔叔周孝王。孝王死后，太子燮在诸侯的拥护下即位，成为周夷王。作为一位靠着诸侯拥立才登上王位的周王，周夷王在诸侯面前摆不起架子。本来周王接见朝觐的诸侯是不下堂的，而到了周夷王就开始下堂接见诸侯了。后人把这作为周天子失礼之始。

1975年，在陕西岐山县董家村出土了四件青铜器，是西周中期一个名为裘卫的贵族制作的。其中的一件是五祀卫鼎，铭文记述了裘卫和邦君厉两个贵族在王朝官员们的监督下互换等值的土地的事。另一件铜器是三年卫盉，铭文记录了贵族矩伯用田从裘卫手里换取礼仪必备品的事。在周王畿内部，王室直接控制的土地，同样按照分封的原则，封赐给王室大臣们。当一块田地被赏赐给大臣后，它就脱离了王室的控制，而由那位大臣支配控制了。贵族们可以拿他们所领有的土地进行交易转换。裘卫诸器的铭文就是一个证明。

五祀卫鼎及其铭文

三年卫盉及其铭文

美国哥伦比亚大学教授李峰发现，在西周赏赐金文中，西周早期，周王赐予臣下的是一片完整的土地，常常有单独的地名。而到了西周中晚期，只能看到零碎的土地授予了。他认为，这一现象表明随着土地封赏政策的持续推行，周王室所能直接控制的土地越来越少，西周中期以后，王室的土地已经变得十分零碎，所以只能以零碎小块的形式继续赏赐。属于周王的土地不断地被封赐下去，王室财产的规模不断缩小，逐渐出现贫弱的现象，王朝实力和地位都受到了影响。

随着周王室地位的下降，西周王朝的威慑力开始下降。与早中期的主动出击不同，到中晚期，西周王朝边患不断，开始被动应战。大约在周厉王时期，发生了一场震动朝野的大叛乱。这场南淮夷和东夷参与的大动乱，主导者却是西周王朝的地方诸侯鄂侯驭方。鄂国是西周的异姓诸侯国，曾经与周王室联姻。鄂侯驭方曾经深受周王室器重，在自己的领地，接待过周王，还受到过周王丰厚的赏赐。然而时隔不久，他就率领南淮夷、东夷反叛，周王室最后派出王朝最主要的军事力量西六师和殷八师才平定了这场叛乱。此消彼长,诸侯公然勾结外夷反叛,无疑是对西周宗法分封制度的一次沉重打击。

周厉王的"专利"政策与回光返照式的宣王中兴。周厉王即位后,任用荣夷公实行"专利"政策,为王室敛财。"专利"就是王室专山林川泽之利,把山林川泽收归王室所有。这项政策直接触犯了当时国人的利益,引起国人的怨言。周厉王又派卫巫监视,凡是说闲话抱怨的人,一经发现都要被处死。从此,国人"道路以目",在路上相见,不敢交谈,只敢相互看上一眼。公元前841年,不堪忍受的周人发动了暴动,驱逐了周厉王,厉王出逃到彘地(今山西霍州)。

国人暴动的原因,是周厉王专利,损害了国人的利益,而又监视国人的言行,不许国人有怨言。周厉王专利的原因,史书称他好利。专利的目的是为了增加王室的收入,厉王专利可能与王室的经济实力下降、出现财政困难有关。

在《史记》的记载中,暴动的国人驱逐周厉王后,还要杀死周厉王的太子静。太子静躲在召公家,召公用自己的儿子换下了太子静,太子才躲过了此劫。此后,王朝大臣周公、召公二人联合执政,直到周厉王在彘地去世,周宣王即位。这段时间被称为"共和行政"。公元前841年被称为"共和元年"。

周宣王像

对于"共和行政",和《穆天子传》一起出土的《竹书纪年》提供了另一种说法:周厉王出逃后,由一位被称为"共伯和"的诸侯到中央,摄行王政。战国时代的文献《庄子》《吕氏春秋》中也有类似的说法。遗憾的是,这两种说法都得不到足够的证据支持。在现存的青铜器铭文中,我们看不到"共和"纪年,西周青铜器铭文始终以王年纪年。"共和行政"的真相至今仍然是个谜。不过不管"共和行政"的真相是什么,"共和"十四年间,王权处于真空的情况是不争的事实,西周王权遭受了沉重的打击。

"共和行政"十四年后,流落在彘地的周厉王去世。太子静即位,就是周宣王。相传,周宣王一生酷爱斗鸡,不过由于从小历经坎坷,即位后的周宣王并没有玩物丧志,而是励精图治,努力重振朝纲。他曾有效地调动起各种力量,先是依靠附属周朝的秦人抵御戎狄,等积蓄力量后,率军亲征,最终迫使戎狄远去,西周王朝因此一度号称中兴。然而,这只是回光返照。面对积重难返的种种弊病,周宣王虽然改变了他父亲过于强硬的国家政策,而以种种务实的方式处理,但同样感到困难重重。

周宣王后期,在对外战事中一再失利,先后败于"姜氏之戎"和"亡南国之师"。在三番五次的溃败之后,周宣王要登记人口数目,这个举动震惊了王朝的官员们。大臣仲山父竭力劝阻,因为这个举动不仅不合祖宗成法,而且是个示弱之举。

西周时期是兵农一体,周人平时耕种,按时训练,战时则成为士兵,编入军队作战。而在西周分封制度下,隶属于周王的军队,只能由王室直接控制下的土地上的民户出任。以前,王室掌控大量的土地和人民,有着充足的兵源,历代周王并不统计人户总数。而西周晚期王室控制的民众太少，亡南国之师后，周军兵力不足，宣王打破了祖宗成法，登记自己所控制的人口总数，补充兵力。在王朝大臣的眼里，这一举动是向诸侯示弱，将会失去诸侯的亲附。

周宣王终于没有听从大臣的劝谏。因为，疲弱的兵力已经让他无法强撑门面了。这位中兴之主，到了晚年，再也无力阻止王室的颓败之势了。宣王晚年，一个可怕的流言在王畿地区散布。流言称："桑木的弓，箕木的箭袋，灭亡周国。"流言传到宣王耳朵里，他下令捕杀一对出售这两样东西的夫妇。王室的颓败之象日益显露，不安的情绪在王朝中涌动，几句流言就使至高无上的周王如同惊弓之鸟。

北京大学历史系教授 朱凤瀚

西周有过一段宣王时代，但是其实也就维持了几十年，而且那个时候估计周宣王也是很困难的了，因为周厉王留下的是一个烂摊子，再加上外部的军事斗争很激烈，西周晚期都在走下坡路，周厉王时代是一个下坡的征兆或者说是灭亡的迹象。后来宣王短暂的中兴有点像回光返照，最终还是不能维持了。

幽王烽火戏诸侯和周室东迁。 公元前781年，周宣王之子周幽王即位，很多人对这位新君主寄予厚望。然而，巨大的自然灾害连续爆发，使周王朝雪上加霜。周幽王二年（前780年），关中地区发生了一次大地震，岐山出现了崩塌，岐周、镐京都受到了震动，泾水、渭水、洛水三条河断流。周人是这样描述这场严重的自然灾害的："烨烨震电，不宁不令。百川沸腾，山冢崒崩。高岸为谷，深谷为陵。"（《诗经·小雅·十月之交》）

对于这场地震，史书中记载了当时的周太史伯阳父的一段名言："夫天地之气，不失其序；若过其序，民乱之也。阳伏而不能出，阴迫而不能烝，于是有地震。今三川实震，是阳失其所而镇阴也。阳失而在阴，川源必塞；源塞，国必亡。夫水土演而民用也。水土无所演，民乏财用，不亡何待？昔伊、洛竭而夏亡，河竭而商亡。今周德若二代之季矣，其川源又塞，塞必竭。夫国必依山川，山崩川竭，亡之征也。"（《国语·周语上》）讲了一大套阴阳相迫的理论后，伯阳父断定"周将亡矣"。他没有明说的中心意思是"周德若二代之季矣"。天灾，只是上天的警示。在周人眼里，王朝的衰落已经走到了和夏商两代季世一样的地步。

周宣王之子，西周末代君主周幽王具备了一切亡国君主的恶习。他信用阿谀奉承的小人，摒弃贤人，荒废朝政。他宠爱美人褒姒。褒姒本是褒国的美女，周幽王攻打褒国时，褒国献出褒姒乞求投降，幽王对褒姒一见钟情，并立为妃，宠冠周王宫。周幽王四年（前778年），褒姒为周幽王生下一子，周幽王对她更加宠爱，不惜代价地满足褒姒的一切喜好。

日月告凶，不用其行。四国无政，不用其良。彼月而食，则维其常。此日而食，于何不臧。……

皇父卿士，番维司徒，家伯维宰，仲允膳夫。聚子内史，蹶维趣马，楀维师氏，艳妻煽方处。

抑此皇父，岂曰不时？胡为我作，不即我谋？彻我墙屋，田卒汙莱。曰予不戕，礼则然矣。……

——《诗经·小雅·十月之交》

相传褒姒有个特殊嗜好，喜欢听裂帛的声音，于是周幽王命人取丝帛送到褒姒寝宫，叫有气力的宫女每日撕裂给褒姒听。褒姒不喜欢笑。为了博得美人一笑，周幽王在只有外敌入侵时才能点燃烽火的烽火台上，燃起了烽火。诸侯看见烽火，率军前来勤王。看到诸侯张皇失措的样子，褒姒终于笑了。周幽王很满意，以后又这样干了几次，诸侯屡次受骗后，终于不再前来。这就是"烽火戏诸侯"的故事。

此处，还上演了更多荒唐的事情。发生在周王宫内部的一次重要的逃离，完全动摇了国本，直接决定了周王朝的最后命运。为了使褒姒高兴，周幽王废黜了王后申后和太子宜臼。王后和太子宜臼逃离王宫后，周幽王仍旧不依不饶，为了使褒姒的儿子没有后患，周幽王完全忘记太子宜臼也是自己的亲生儿子，他决定斩草除根，杀掉已逃到申国的太子。申后是申国国君申侯之女，太子是申侯的外孙，周幽王强迫申侯交出太子，这件事最终使忠心拥护周室的申侯成为周幽王最大的仇敌。公元前771年，申侯联合曾国，以及西北的犬戎部

烽火台

落，大举进攻西周。

周幽王在烽火台上燃起了烽火，却没有诸侯前来救援。犬戎在骊山脚下杀死了周幽王，捣毁了镐京的宗庙宫室，带着美人褒姒和大批的战利品扬长而去。仓皇失措的西周贵族们，草草掩埋了礼仪重器，逃离了家园。繁盛的西周王朝就这样灭亡了。

公元前770年，登上王位的周平王宜臼在诸侯的护送下，迁都洛邑，宗周的贵族大臣们都随同迁往。临行之时，周平王封护送有功的秦襄公为诸侯，封赐的土地是被犬戎占据的宗周故地。周平王许诺，秦如果能够赶走犬戎，就领有其地。狼狈而走的周王室已经拿不出实际拥有的土地封立诸侯了。这时的宗周故地，宗庙宫室尽毁，满目疮痍。直到二十一年后，秦文公才从犬戎手中收复岐周故地。周平王东迁的同时，放弃了回归宗周故地的可能。也许，这位东周王室的第一代君主，已经预见到从此周王室再也无法回归西周的顶峰时代。

桓王箭上肩——东迁后周王室的衰落。 另一位护送有功的诸侯郑武公与周王室的关系一直非常亲密。周桓王是周平王的孙子，周宣王的玄孙。郑国的始封君郑桓公友是周宣王的庶弟，被宣王分封到郑地。犬戎入侵宗周的时候，时任司徒的郑桓公友与犬戎力战而死，以身殉国。此后其子郑武公护送平王东迁。由于郑国受封较晚，和周王室的血缘关系较其他诸侯为近，封地又和

郑桓公像

东周王畿交界，郑武公、庄公两代为王朝卿士。郑武公和其子郑庄公，是东周初期周王室最为倚重的诸侯。

但是，郑庄公专权引起了周平王和周桓王的不满。双方摩擦不断。最后，周桓王剥夺了郑庄公的权力，郑庄公不再朝见天子。怒不可遏的周桓王引兵来伐，公元前707年，两支军队在郑国的城邑繻葛对战。对阵的双方，一方是周桓王率领的王军和蔡、卫、陈诸侯联军，另一方是郑国国君郑庄公率领的郑军。

这场战事，周王率领的联军被打得大败，周桓王还被郑国的大臣祝聃用箭射伤了肩膀。权力的争斗，让郑国突破了血缘宗法的关系，突破了君臣关系，公然与周王室对战，甚至射伤周王。明代李贽所撰《史纲评要》用"夷王足下堂，桓王箭上肩"，来描述周王室不断衰微的态势。这一事件成为周王室衰微的标志性事件。

河南省文物考古研究院研究员 蔡全法

郑国在当时虽然不是千乘之国，但是在春秋初年它的军事力量还是非常强大的。因为它想在中原称霸，不断扩大自己的地盘，实际上对周形成了半包围的状态，对周的威胁也就越来越大了，而且郑公不太听从周王的意见，并试图干预朝政。

此后，周王所能控制的范围仅限于洛邑四周。各诸侯国不再定期向周王述职和纳贡，周王室的收入日渐减少，不得不经常向诸侯求车、求粮，失去了昔日的尊严。

河南省郑王陵遗址郑国车马坑。这里是东周时期郑国国君及其家族的墓地，新郑市便是当年郑国所在地。半个世纪以来，在新郑市发现的东周墓葬达三千余座、大中型车马坑十八座。其中，郑公大墓出土的最重要的文物——九鼎八簋，在西周时期是王权的象征。此外，郑公大墓还出土了大量的兵器，这意味着，随着实力的增加，郑国国君与周王室的关系已发生巨大的变化，由亲密的依从关系而逐步变为对权力和地位的争夺。

"溥天之下，莫非王土；率土之滨，莫非王臣"的时代结束了，英雄辈出、群雄逐鹿的时代到来了。在接下来这个仍然被称为周的时代，周王的身影渐行渐远，终于沦为诸侯争霸的模糊背景。

春秋争霸

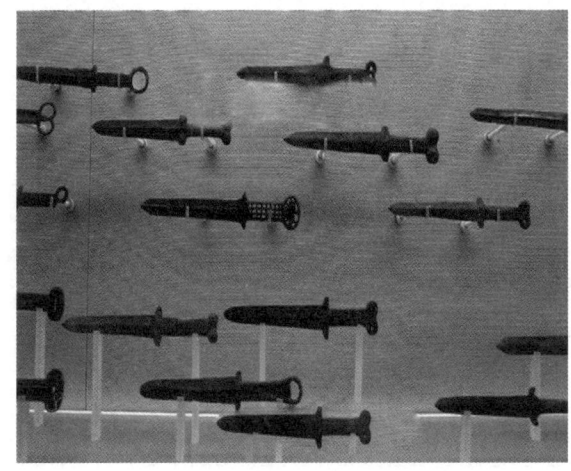

春秋时期兵器

公元前770年,刚刚登上王位的周平王放弃被犬戎攻占的镐京,迁往东都洛邑(今河南洛阳)。中国历史从此进入东周时代。东周又分为春秋和战国两个时期。春秋本是周代列国国史的通称。由于秦始皇焚灭各国史籍,到汉代,其他各国的《春秋》已经失传,仅存鲁国的国史《春秋》。《春秋》是一部记载从鲁隐公元年(前722年)至鲁哀公十四年(前481年)二百四十二年间,鲁国和其他一些诸侯国历史的编年史。相传《春秋》得到了孔子的修订,被儒家奉为经典,至汉代被列入"五经",成为皇朝的经典。正是因为"春秋经"在历史上的重要地位,而它又基本上和一个具体的历史阶段相始终，后人就把这一时代称为"春秋"。虽然仍保留着分封格局，但周王室已然衰落，春秋是一个英雄辈出、群雄逐鹿、诸侯争霸的时代。

南夷与北狄交，中国不绝若线。根据司马迁《史记·六国年表》的记载，春秋时代大体从公元前770年平王东迁，到公元前476年周元王元年为止，历时二百九十四年。春秋时期见于史书记载的大大小小的诸侯国有一百四十多个。司马迁作《十二诸侯年表》，表记春秋时期的十三个诸侯：鲁、齐、晋、秦、楚、宋、卫、陈、蔡、曹、郑、燕、吴，而在"世家"各篇中记述了吴、齐、鲁、燕、蔡、陈、杞、卫、宋、晋、楚、越诸国的历史。这些是见于史载的春秋时期的主要诸侯国。

和宗周宗庙宫室的破败相似，东迁之后的周王室，地位一落千丈，已经没有力量居高临下控制诸侯。诸侯国各自为营，混战不断。

与此同时，西北戎狄之患愈演愈烈。戎狄已经进入了中原腹地。他们控制了岐周腹地，并向黄河南、北扩展，侵扰北方的燕国、中原的郑国，甚至还越过燕国进犯远在东方的齐国，洛邑王城也一度被他们攻破，东门被焚毁。在南方，以楚国为代表的蛮夷力量也逐渐兴起，力图北上，不断骚扰中原国家，形成了"南夷与北狄交，中国不绝若线"的局面。

战乱和动荡呼唤着重建稳定有序政治秩序的人物，周王室已经不能承担这个责任，需要新的强有力的共主。

尊王攘夷——齐桓公称霸。在齐国，齐襄公在位时滥杀无辜，以至于朝纲失常，国政混乱，他的弟弟们也不得不外出避难。齐襄公最终被杀，齐国无君，更加混乱，人们引颈企盼着名正言顺的新国君。

可望登上君位的有两位合适的人选，他们是齐襄公的弟弟：避难于鲁的公子纠和避难于莒的公子小白。公子纠的母亲是鲁国人，当时的鲁国国君鲁庄公想让公子纠即位，这样方便操纵齐国。而齐国国内的正卿国、高二氏却不愿鲁国介入其中，所以通知了避居于莒的公子小白。

公子纠是具备明显优势的。为了让公子纠顺利继承君位，鲁国不仅派兵沿途护送，而且还派出辅佐公子纠的管仲带兵截杀公子小白。在即墨附近，早已埋伏在这里的管仲张弓搭箭，朝着公子小白就是一箭。小白中箭大喊一声，倒在车中。管仲以为小白已死，派人回鲁国报捷，但他没有想到，自己的那一箭只是射中了公子小白衣服上的带钩，公子小白大难不死，躲过一劫。

在得到管仲射杀小白的消息后，公子纠以为自己已是稳操胜券，于是放慢了行程。死里逃生的公子小白，则日夜兼程。最终，公子小白早一步赶回齐国。公元前685年，公子小白即位，是为齐桓公。

成为国君的齐桓公随即发动了即位后的第一场战争，讨伐的对象就是支持公子纠的鲁国。两国交战，鲁国大败，掌握了主动权和话语权的齐桓公给鲁人送书说："公子纠是我的兄弟，我不忍心亲手杀他，请鲁国国君杀了他吧。管仲是我的仇人，我只有亲手处置他，报了一箭之仇，才能甘心。"迫于齐桓公的压力，鲁国杀掉公子纠，并将管仲囚禁起来，押送到齐国。

汉画像砖上的齐桓公与管仲

几乎所有的人都认为，和齐桓公有一箭之仇的管仲，在被押往齐国后，必然会遭受严厉的惩罚，死无葬身之地。然而，一箭之仇未报，一个英主贤臣共图春秋霸业的千古美谈却由此诞生。

最初，齐桓公要拜鲍叔牙为相，但鲍叔牙坚辞不受，因为他深知曾经辅佐公子纠的管仲拥有治理国家的难得才干，在国家戡乱图强之际，只有管仲这样的治国奇才，才能帮助齐桓公匡扶天下。

在鲍叔牙的力荐之下，齐桓公放下了一箭之仇的私怨，不仅没有杀害管仲，反而拜其为相。

被齐桓公委以重任的管仲，开始对齐国进行全面的改革，规划政事，集权中央，奖励农商，充实国库，修整武备，强化军事，齐国气象由此一新。

中国社会科学院历史研究所副编审 邵蓓

管仲是齐国称霸策略的制定者，他的这些施政措施主要记载在《国语·齐语》里。他的主要政策：一是士农工商四民各安其处、各司其职，世代相承，避免发生混乱；二是寄军令于内政，就是将齐国人组织起来编成军队，平时耕作，到了战争的时候，集结起来。因为大家平时都在一起操练，比较熟悉，所以在战争的时候容易协调，作战力比较强，这就是寄军令于内政。总的来说是富国强兵、安定内政。

在周天子王权孱弱不堪的同时，齐国国力却迅速增强，齐桓公的雄心壮志也随着国力的强盛而渐渐显现出来，他在等待一个时机，一个让他成为天下共主的时机。

公元前663年，在北方山戎部落的强大攻势下，燕国根本无法抵抗，正面临被灭国的危险。如果在西周，周王室会发号施令，迅速召集其他诸侯国的军队，形成合力，一起保护受到威胁的诸侯国。然而此时，周王室早已没有了号令天下的能力。因无法在周天子那里寻找到庇护，燕国把目光转向了齐国。这是燕国在生死存亡间的希望，对于齐桓公来说，此前一直等待的称霸诸侯的机会终于来临了。

此时已是齐桓公即位二十三年后，齐国已经成为国富民强的东方大国。齐相管仲献策齐桓公："戎狄豺狼，不可厌也；诸夏亲暱，不可弃也。"

齐桓公亲自率军北上救燕，齐军风驰电掣，将山戎击溃，燕国不仅避免了亡国之辱，而且还由此增加了方圆五百里的国土面积。

国家恢复安定的燕国国君燕庄公，对于齐国的援助感激不尽，亲自送齐桓公回师，不知不觉进入了齐境。按照周礼，诸侯

《左传·闵公元年》有关"诸夏亲暱，不可弃也"的记载。

之间相送，不能越过国境，越境相送是只有周天子才能享受的礼仪。

这个时候，齐桓公大度地说："除了天子之外，诸侯相送不出国境。我不可以无礼于燕国。"竟然将燕庄公所至五十里的齐国国土全部割给了燕国，而且再三嘱咐燕庄公，要尊崇礼制，匡扶周室。燕庄公感激涕零，在齐桓公送的齐地上筑起城郭，取名为"燕留"，以颂齐桓公之德。

前有出兵相救，后有分沟礼燕，各国诸侯听说齐桓公大德，都心悦诚服。

在当时中原诸国困扰于戎狄之祸的形势下，齐桓公祭起了攘夷的大旗，同时修礼于诸侯，礼敬周王室，走上了经由尊王攘夷而实现霸业的道路。

齐国救助燕国的两年之后，也就是公元前661年，北方戎狄再度出兵进犯，邢国告急，紧接着，卫国告急。此时，齐桓公再次挺身而出，出兵解救危难，并为两国重建家园，史称"邢迁如归""卫国忘亡"。就是在这一系列的"国际事件"中，齐桓公的威望越来越高。而他还将担负更大的责任，面对更大的挑战。

在戎狄势力得到有效阻遏时，另一支更加强大的力量，正形成于中原的南方，它就是楚国。春秋之初，楚国虽是南方的大国，但由于文化落后，被中原诸国视为蛮夷。当齐国崛起时，楚国已灭了息、邓等国，并北上攻入蔡国，接着攻伐郑国，不断骚扰中原国家。面对楚国咄咄逼人的进攻，中原各诸侯国纷纷向齐国求援。

公元前656年，齐桓公亲率鲁、宋、陈、卫等诸侯联军出征，声势浩大地在楚国北部门户陉山扎营。大军压境下，一向无所畏惧的楚国感到了压力，派出使节与齐国谈判。

楚国国君派使者对齐桓公说："君处北海，寡人处南海，唯是风马牛不相及也。现在你们带着军队讨伐楚国，这是什么道理？"

齐国国相管仲回答说："以前召康公命令我们的先君太公说：'五侯九伯，你都可以征伐他们，以便辅助王室。'……你们不进贡王室包茅，使天子的祭祀缺乏应有的物资，不能滤酒请神，我为此而来问罪。"管仲批驳楚国不尊礼制，没有尽到自己的职守，而齐国有天子的授权，可以代天子惩罚违背礼制的诸侯。

在齐国的重压之下，也在尊崇周王室的大义之下，最终，齐桓公不战而屈人之兵，楚国低头认错，双方定立了召陵之盟。这次盟约，有效地阻遏了楚国觊觎中原的野心。

事实上，齐楚两国最终没有兵戎相见，这是因为两国都没有绝对的把握打败对方。但齐桓公受各诸侯国所托，率兵"攘夷"，而且手执"尊王"的道义大旗，楚国未战先输。

在稳定诸侯的同时，齐桓公还致力于匡扶王室。当时周惠王因为宠爱少子带，有废太子之意。在惠王太子郑的请求下，齐桓公召集诸侯会盟，宣告了诸侯对太子的支持。周惠王死后，齐桓公又主持了洮之盟，奉太子郑即位，是为周襄王。至此，齐桓公取得了周王室和诸侯两方面的认可。他已经成为大家心目中的霸主。

公元前651年,齐国与鲁、宋、卫、郑、许、曹诸国在葵丘举行会盟,这是春秋时代一次有超过四个诸侯国参加的重要诸侯会盟。周襄王也派人参加,这表明周王室已经公开承认了齐桓公成为实际上的天下共主。齐桓公成为春秋时代的第一位霸主,从此,春秋霸主政治开始登上历史舞台。

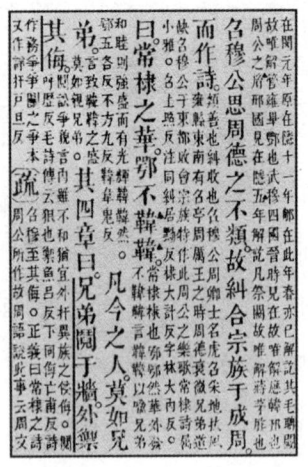

《左传·僖公二十四年》有关"兄弟阋于墙,外御其侮"的记载。

葵丘会盟定立了如下盟约:诛杀不孝之人,不废嫡立庶,不让妾占据正妻的地位;尊重贤人,培育人才,表彰有德行的人;尊敬老人,慈爱幼儿,不怠慢他国的宾旅;士不世袭官职,官职不兼任,选士用人要得当,不擅自杀戮大夫;不改变、遏塞河道,不拒绝受灾国家救济的请求,有封赏之事不能不通告盟主;凡是同盟之人,结盟之后,言归于好。盟约维护了以嫡长子继承制为核心的宗法制,力求确保各级宗法层次和整个宗法体系的稳定,重申了西周时期就一再强调的尊贤重德的政治思想,要求中原诸国之间相互扶持。

齐桓公三次联合诸侯出兵,六次召集会盟,是为九合诸侯,又在王位继承问题上,坚决维护宗法,是为一匡天下。然而,齐桓公终究没有兼并天下的实力,他也必须继续以"尊王"为号召,恪守礼仪。

葵丘会盟时,周襄王派太宰姬孔给齐桓公送来了王室祭祀周文王、武王的祭肉,同时带话给齐桓公,说:"伯舅年纪大了,又有大功,就免去下拜受赐的仪节吧。"齐桓公回复说:"天威不可违背。若不下拜,只恐怕是对天子不敬,有失臣礼,而使天子蒙羞。我怎敢不下拜。"说完,齐桓公按照礼仪下阶跪拜,又登阶接受了祭肉。

齐桓公是一位值得大书特书的人物,他所建立的春秋霸业对中国历史产生了深远的影响。然而,一代霸主最后的结局却十分凄凉。管仲死后,齐桓公宠信佞臣,以至于当他病重无法理政的时候,几位佞臣肆意妄为,他的几个儿子为得君位相互争斗。齐桓公死后尸首

左丘明像。关于春秋诸侯争霸事,很多都记载在左丘明的《左传》中。

在床上放了六十七日,腐烂生蛆也无人过问。齐国的霸业随着齐桓公去世和诸子争立而很快消逝了。

但在齐桓公的身后,霸主政治已经成为春秋时期的主流,霸主纷争依次上演。

晋文公复国——晋国霸业。春秋时期,出自不同国家的诸侯先后成为霸主,而其中最为出名的五位,被称为"春秋五霸"。关于春秋五霸有几种不同的说法,影响最大的说法有两种:一是指齐桓公、宋襄公、晋文公、秦穆公、楚庄王;另一种说法是指齐桓公、晋文公、楚庄王、吴王夫差、越王勾践。

晋文公重耳有着与齐桓公相似的经历,既备尝在外流亡的艰

春秋争霸

难，又有股肱之臣的辅佐，磨砺出坚强的意志和超常的能力。

在六十二岁的时候，流亡在外十九年的重耳终于在秦国的帮助下，成功返回晋国，成为晋国国君。晋文公即位之后，整顿内政，发展生产，晋国由此迅速强盛。晋文公奉行齐桓公"尊王攘夷"的政策，与齐桓公不同的是，晋文公的霸业是从"尊王"开始的。

公元前635年，周王室发生内讧，王叔带联合狄人伐周，周襄王避居到郑国。此时，齐桓公已死，中原没有霸主，周襄王无处可以求助，正陷入绝望之中。刚刚即位的晋文公雄心勃勃，采纳大臣狐偃"求诸侯莫如勤王"的建议，迅速地抓住这个机会，亲率大军护送周襄王回到王城，并协助周襄王杀掉了王叔带，彻底解决了周襄王多年来的后顾之忧。这一"尊王"行为，使晋文公名闻天下，一些弱小的诸侯国开始投靠晋国。

《晋文公复国图》（局部）

"尊王"的同时,晋文公奉行"攘夷"之策。当时,南方的楚国仍是中原的最大祸患,公元前633年,强大的楚国军团向宋国发动了猛烈的进攻,宋国危急,赶紧向晋文公求救。晋文公整顿战备后,于公元前632年率大军迎战楚军,双方在城濮展开激战。

在晋楚开战的五年前,流亡在外的晋公子重耳,曾受到楚成王的礼遇,重耳向楚成王许诺:"如果侥幸登上君位,日后如两国开战,将为楚军退避三舍。"

城濮之战,晋文公履行了诺言,率军退避三舍(九十里)。楚军见晋军后退,以为对方害怕了,马上追击。晋军利用楚军骄傲轻敌的弱点,集中兵力,大破楚军。

山西省考古研究所研究员 吉琨璋

春秋时争霸的一个焦点就是争夺对诸侯国的控制权,而中原这些诸侯国有郑国、宋国、蔡国还有黄河北岸的卫国。其中第一个要争夺的就是郑国,在晋国和楚国对郑国的控制权的争夺中,两军在中原相遇了。城濮一战楚国大败,晋国的霸业由此开端。

城濮之战后,晋文公召集了有八国诸侯参加的践土之盟,定下了同心协助王室、互不侵害的盟约。这次会盟,周襄王亲自到会,策命晋文侯为侯伯。和之前举行的葵丘会盟相比,这次盟会的仪式正式而明确,更加旗帜鲜明地表现了王室对霸主的认可,主持了春秋政治一百多年的晋国的霸业就此展开。

和齐桓公相对温和称霸不同的是，晋文公称霸就在于城濮一战，这也意味着诸侯尊王的政治手段越来越成为一种表面上的形式，靠实力说话逐渐成为春秋时期的主旋律，王室制定的周礼，马上就会被各诸侯国践踏于纷乱的战争中。

公元前632年，这一年和城濮之战、践土之盟一起被记录于"春秋经"，有一句据说是孔子亲手改定的经文："天王狩于河阳。"这年冬天，晋文公召集了温之会。周襄王再次亲自参会。和践土之盟是周襄王主动参加的不同，温之会是晋文公"召"周襄王来的。按照周礼，应该由诸侯到京师去朝见周王，晋文公却以诸侯的身份召周王前来相见，严重违背了周礼。据说，孔子读到"春秋经"上的这一段文字时，认为"以臣召君，不可以训"，本着为"尊者讳""且明德也"的原则做了修改，改成了我们今天所看到的"天王狩于河阳"这种隐讳的说法。政治权力上的超越，带来的是礼仪制度上的僭越。

在僭越周礼的同时，霸主们开始制定自己的游戏规则，新的游戏规则脱胎于周礼，但规则调整的已经不是周王室和诸侯之间的关系，而是霸主和诸侯之间的关系。

晋国成为霸主后，诸侯和霸主之间的权利和义务不断制度化、规范化、礼仪化。在晋国霸业兴盛的一百多年间，见于记载的晋国主持的大的盟会有三十八次。在《春秋经》的记载中，鲁国的国君去洛阳见周王只有一次，还未行朝见之礼，而去晋国朝见多达二十一次。

晋国为诸侯制定了一系列朝聘、纳贡制度。各国要跟随晋国出兵讨伐不听话的诸侯。诸侯国之间的纠纷由晋国斡旋解决。晋国显然比齐国更进一步。在晋国称霸期间，霸主最终取代周王成为真正的天下共主。

春秋大国争霸的过程，也是诸侯兼并的过程。通过战争，齐先后灭了三十余国，成为东方大国。楚先后灭四十余国，成为南方大国。晋先后灭掉二十余国，征服四十余国，成为中原大国。秦并十余国，成为西方大国。中原一直是争霸的中心，随着尊王攘夷的进程，以周礼为核心的中原文化认同感得以加强，中原文化向四周播迁，华夏观念最终形成。

楚庄王一飞冲天。 随着争霸的展开，有实力的大诸侯国忙于开辟自己的领土，增强国力，中原文化得以向四夷播散。而南方的楚国就是其中非常重要的一个诸侯国。

楚国从未放弃对中原的向往和追求，不过，其追求的方式已经改变。春秋之初，楚国是中原诸侯国眼里的南方蛮夷，楚国也不屑于中原诸国尊崇的礼仪。然而，在屡次北进受挫之后，楚国意识到，除了武力，还必须向中原华夏的礼乐文

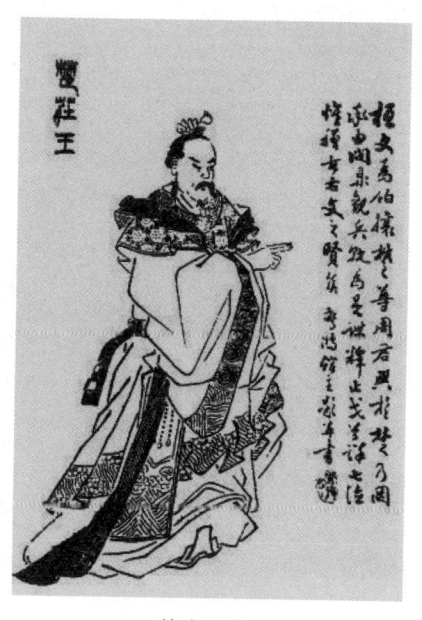

楚庄王像

化靠拢。

到楚庄王时期，楚国文化已经潜移默化地成为华夏文化的一部分。随着华夏文化进入荆楚之地，中原的霸主政治也让年轻的国君楚庄王跃跃欲试。

楚庄王即位时还很年轻，而他的王国当时正处于内忧外患之中。为了观察朝野的动态，也为了让别国对他放松警惕，庄王当政三年，不理政务，没有发布一项政令，在处理朝政方面没有任何作为，每天不是出宫打猎游玩，就是在后宫里和妃子们喝酒取

《伯牙鼓琴图》

乐，并且不允许任何人劝谏。

三年之后，忍无可忍的楚国大臣上书进谏，他们给楚庄王出了个谜语，说："南方有一种鸟，它落在南方的土岗上，三年不展翅，不飞翔，也不鸣叫，沉默无声，这只鸟叫什么呢？"

此时的楚庄王，已经明显察觉楚国上下要求富国强兵的心情十分迫切，于是说出了这样一段让世人铭记至今的话："三年不飞，飞将冲天；三年不鸣，鸣将惊人。"

此后，楚庄王开始整顿朝纲，重振君威，楚国由此成为中原

之外最强大的国家。

楚庄王十七年，楚国与晋国展开决定霸权的邲之战。大战之前，晋卿士会力主避免与楚军作战，在他眼中，楚国国君楚庄王早已脱离了野蛮，成为一个"德立、刑行、政成、事时、典从、礼顺"的人物，楚人也已经完全接受了中原的文化观念，与中原之人没什么不同了。邲之战，晋军大败，失去了霸主地位。

公元前589年，楚国与鲁、秦、宋、陈、卫、郑、齐、曹等中原诸侯在蜀（今山东泰安西）会盟，这次会盟，确认了楚国的霸主地位。西周、春秋以来一直被视为蛮夷的楚国，终于成为中原诸侯承认的霸主。楚国建立霸政的过程，彰显了其由蛮夷走向华夏的过程。

晋国并不甘心失去霸主地位，经过多年的休整，公元前575年，晋国向楚国挑战，两国为争夺霸权再次展开大战，双方主力在鄢陵一较高低。鄢陵之战，晋国最终取胜，重新成为中原霸主。

礼崩乐坏的时代。 孔子曾经这样评说春秋时代："天下有道，则礼乐征伐自天子出。天下无道，则礼乐征伐自诸侯出。"礼乐征伐出于诸侯的春秋时代，和"郁郁乎文"的西周礼仪社会相比，是一个"礼崩乐坏"的时代。

公元前606年，一代霸主楚庄王在东周王畿的边境陈兵示威。周定王派王孙满劳师。楚庄王向他询问周鼎的轻重。鼎是国家权力的象征，在灭国战争中，以鼎为主的宗庙重器是最重要的俘获品。春秋时代就有"夏德衰，鼎迁于商；商德衰，鼎迁于周"的说法。楚庄王问周鼎的轻重，实际是公然挑战在当时仍被普遍尊奉的周天子的共主名义。

公元前536年，郑国名臣子产，接到了晋国贤臣叔向一封措辞严厉的来信，信中称"开始我还对你寄予希望，现在没有了"。是什么使这两位曾经相互欣赏的贤人发生了分歧？原因是郑国在子产的主持下铸刑书，公布了成文法。叔向在给子产的信中写道："这样一来，平民知道了有法可依，就不会畏惧身份比他们高的人，就会弃礼，从法而争。弃礼从法，是末世之制。郑国大概

子产像

要败亡在你的手里了。"子产回信说："我现在不能考虑到子孙后代了，我这样做是为了救世。"公布成文法，是将本来由贵族掌握的法律公之于众，让平民可以视法而动，而不再视贵族而动，在行事上拥有了主动权。平民力量的上升，国家政权对平民的依仗，使法律制度变革势在必行。二十年后，叔向的祖国晋国也铸了刑鼎，公布了成文法。

春秋时期，顺应形势的变化，各诸侯国纷纷改革了田制、兵制、军制。西周时代，实行井田制，农民集体在各级贵族拥有的土地上耕种，地租形式主要是劳役地租。春秋时代，开始出现了一家一户的个体农民。公元前594年，鲁宣公实行"税亩"，按亩收税。公元前538年，郑国的子产作"丘赋"。公元前548年，

楚国的大司马蒍掩制赋，丈量土地，打破公私之分，按亩收税。春秋初期，各诸侯国奉行分封制，在本国内部实行分封，各国的卿大夫都分有可世袭的采邑。而到春秋中期以后，晋、楚等国开始在新占领的地区设县，由国君直接派员管理，不再分封。公元前493年，晋国的赵简子在战前誓词中鼓励将士说："克敌者，上大夫受县，下大夫受郡，士田十万。"郡县成为军功的奖赏，这说明晋国由国家直接控制的郡县已经为数不少。

霸主政治并没有减少春秋时期的战争，反而由于强国的争霸，使得越来越多的国家为大国所驱使，卷入本来与己无关的战争中，苦不堪言。统治者为了权力相互攻杀，越来越多的国君和卿大夫死于非命。司马迁在《史记·太史公自序》中写道："春秋之中，弑君三十六，亡国五十二，诸侯奔走，不得保其社稷者，不可胜数。"

公元前544年，鲁襄公宴飨前来聘问的晋卿范献子。宴会后，举行射礼，鲁公室中居然凑不够六个熟悉礼仪又善用弓矢的臣属，只好从大夫的家臣中借。鲁国公室的衰落是春秋后期诸侯公室衰落的一个缩影。

弭兵之会与卿大夫执政。经过鄢陵之战，晋国重新成为霸主，但楚国并没有受到严重伤害，国力仍然强大，始终对晋国虎视眈眈。鄢陵之战后三十年（前546），在宋国大臣向戌的邀请下，晋、楚、郑、宋、卫、曹等十四个诸侯国的代表一起在睢阳会商，这次会议被称为弭兵之会。会议约定各国间停止战争，奉晋、楚两国为共同霸主。

弭兵之会是晋、楚两个霸主诸侯国，第一次在同一个会议上，被尊为霸主，同时，也是两个强大的诸侯国彼此妥协之后的一次会议。与以往的会盟不同的是，以前的会盟都由国君亲自参与，这次弭兵会盟却由各国有势力的大夫参加。

春秋中后期，晋国的军政大权逐渐转移到卿大夫手中，晋君被架空。到了战国初期的公元前458年，晋出公想以齐、鲁之军讨伐知、赵、魏、韩四卿，四卿联合反攻出公，出公逃往齐，死在路上。随后即位的晋哀公完全失去了权力，听命于卿大夫知伯。到晋幽公时，晋君只能控制绛、曲沃二邑。同样，在齐国，政权逐渐落到了卿大夫田氏的手中；郑国的国政被号称七穆的七个卿大夫家族所控制；宋国的政事则由卿大夫家族戴氏裁决。

公元前562年，鲁国的三卿季孙、孟孙、叔孙三分鲁国国君的公室而各有其一。公元前537年，他们又再次瓜分公室，公元前517年鲁昭公讨伐季氏，三家一起把昭公赶出了鲁国。鲁昭公避居齐国，最后死于齐。公元前468年，鲁哀公想用越国的军队除去三卿，结果也只能被迫出逃。而三家卿大夫中实力最强的季氏，其权力曾经落到季氏的家臣阳虎手中，阳虎利用季氏，控制鲁国国政长达三年之久。

卿大夫之家相继取得了实际的政治控制权，传统的君主地位式微，小宗在权力地位上超越了大宗，君权甚至难以维持表面的地位。同级的卿大夫之间又相互争权、倾轧，政治动荡不断发生。

随着晋卿的内争加剧，晋国对诸侯的控制逐渐松弛，霸主政治体系渐趋衰落，中原重又陷入乱战之中。最先受到伤害的是小诸侯国。公元前526年，齐国擅自侵伐徐国，徐国用宗庙重器鼎贿赂齐人，双方结盟。鲁国的叔孙昭子对此评价说："诸侯没有霸主，是小国的祸害。发生这样的事，就是没有霸主造成的。"

春秋晚期，位于长江下游的两个诸侯国吴、越先后兴起，加入争霸的行列。但是，无论是吴王夫差，还是越王勾践，都没能再组织起像齐桓、晋文那样大规模的诸侯盟会，也没有广为诸侯所接受和认可。吴越争霸只是春秋霸主政治的回光返照，春秋末期的政治重又陷入诸侯乱战之中。

随着由列强争霸演变为诸雄兼并，东周的另一个时代——一个无比复杂而又无比新鲜的战国时代即将到来。一方面，诸侯国之间的战争将更加惨烈；另一方面，华夏文化的核心凝聚力已经牢不可破，战乱中的民众渴盼着重新统一。更重要的是，由于思想的开放，整个中国酝酿出了一个千年不遇的百家争鸣的时代，中国由此将进入一个由大分裂转向大一统的历史进程。

吴王夫差鉴

孔 子

孔子像

公元前551年，一名婴儿降生在尼山的一个黑暗狭小的山洞中。因为生下来头顶的中间是凹下去的，和尼丘山很相似，这个孩子被取名为丘。因为在家里排行第二，所以字仲尼。因为要避他的名讳，尼丘山改名为尼山。因为他，山东曲阜成为"朝圣之地"。他就是儒家学派的创始人孔子。

"吾少也贱，多能鄙事"。孔子的先祖可以追溯到西周时期的宋湣公。宋是商朝末代君王纣的庶兄微子启的封国。在周人的眼里，商朝的建立者成汤是和周文王、武王一样难得的圣王。虽然有显赫的身世背景，孔子的一生却是在颠沛和清贫中度过的。

公元前710年，宋国太宰华父督攻杀司马孔父嘉（孔子六世祖）和宋殇公。在国内权力斗争中失势的孔氏一族逃到了鲁国，从此离乡背井，失去了显赫的地位。孔子的父亲叔梁纥，身份只是贵族阶层中最下级的士。叔梁纥是鲁国陬邑的邑宰，他在年近古稀的时候，娶了孔子的母亲。孔子三岁的时候，叔梁纥去世了，孔子跟随母亲搬到曲阜居住。在讲究血统身份，讲究嫡庶之别的春秋时代，失去了依仗的孤儿寡母的境遇可想而知。

尼山夫子洞

一次，吴国的太宰问孔子的学生子贡说："你的先生是圣人吧？他怎么有那么多技能啊？"子贡回答说："当然是上天使他成为圣人，又使他如此多能的。"孔子听说了以后，说："吾少也贱，故多能鄙事。"春秋时期，像种地一类的体力劳动，都是普通平民才做的事情，被贵族们看不起，称为鄙事。孔子说他自己年轻的时候生活贫贱，干过这些粗重的活，所以才掌握了许多这方面的技能。

仁与礼的坚守与变通。虽然并不避讳自己年轻的时候生活贫贱，"多能鄙事"。但是孔子在心里并不认同这些事情。《论语》里记载了这样一个故事。孔子的学生樊迟向他请教种庄稼的事，孔子说："我不如老农。"樊迟又向他请教种菜的事，孔子说："我不如老菜农。"樊迟出去后，孔子说："樊迟真是个小人啊。在上位的人好礼，老百姓就不敢不敬畏；在上位者好义，老百姓就不敢不服从；在上位的人好信，老百姓就不敢不用真心实情来对待你。要是做到这样，四面八方的老百姓就会背着自己的小孩来投奔，哪里用得着自己去种庄稼呢。"

孔子十五岁起，就立志通过学习，提高自己的社会地位。当时贵族子弟学习的主要内容是礼、乐、射、御、书、数，这六项被称为"六艺"的技能。这里面，孔子最重视、最精通的是礼。

孔子很小的时候，就对礼感兴趣。他幼年玩的都是模仿礼仪程式的游戏。孔子的祖国鲁国是西周制度文明的奠基者周公的长子伯禽的封国，也是春秋时期保存周礼最多的诸侯国。公元前540年，晋国的正卿韩宣子到鲁国聘问，看到了鲁太史所收藏的

《易》《象》和鲁国的国史《春秋》后，感叹说："周礼都在鲁国啊。我今天才知道周公之德和周所以能称王天下的原因。"得天独厚的条件，使得孔子得以遍览鲁国所藏周礼。孔子还到东周，向当时的周守藏史老子问礼。

《论语》中记述了孔子对日常生活礼仪的要求：红色紫色的布不用来做内衣便服；夏天，在室内穿单衣，出门则一定要套上外衣；冬天穿羔羊皮的袍子，一定要搭配黑色的外衣，穿小鹿皮的袍子，一定要搭配白色的外衣，穿狐狸皮的袍子，一定要搭配黄色的外衣；加工食物要讲究，越精细越好；不吃切割得不合规定的食物。

公元前481年，孔子最器重的弟子颜渊去世了。孔子很伤心。但是当颜渊的父亲颜路请求孔子把车子卖了，给颜渊买一副椁的时候，孔子却不同意。他回答说自己的儿子孔鲤死的时候，也没有卖掉自己的车子置办椁，因为自己做过鲁国的下大夫，按照礼制必须坐车，不能步行。

孔子的这些行为，在当时和现在看来，都显得迂腐刻板而不近人情。事实上，他从不刻板地遵循礼制。对于不违背礼制本意的改变，他愿意选取简省易行的一面，但是，对于违背了礼制本意的改变，他绝不迁就。他说："麻冕是礼所规定的，但现在人们戴丝冕，比麻冕节省，我遵从大家的做法。臣下拜见国君时，在上堂之前要对君主鞠躬行礼，但是，现在却是上堂后才鞠躬行礼，这是傲慢的表现，尽管与大家的做法相反，我还是先在堂下鞠躬行礼。"他说："礼啊，礼啊，难道就是玉帛这些东西吗？"和这些表面的形式相比，孔子更看重行礼时内心的真诚。他说："礼，过于奢侈，不如从简；丧礼，大肆置办，不如本身的哀伤过度。"

《孔子圣迹图》之《太庙问礼》

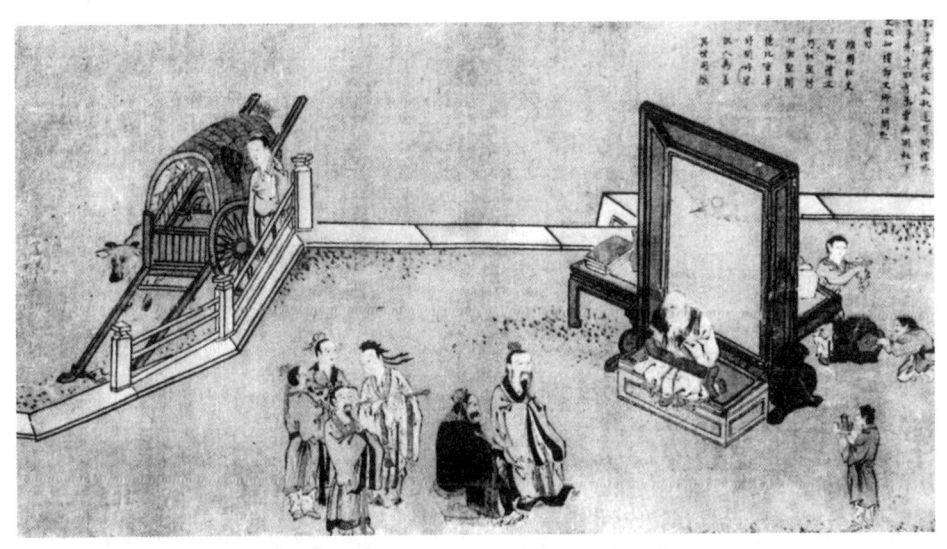

《孔子圣迹图》之《问礼老聃》

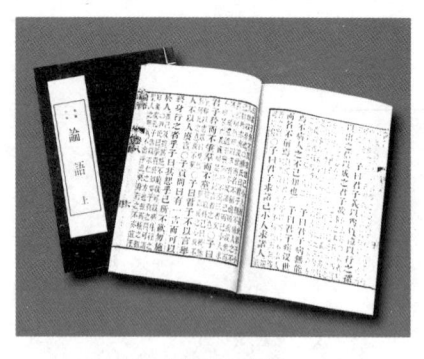

《论语》书影

《说苑》中记载了这样一个不太为人知晓的故事：楚共王的弓丢了，他的手下要去找。他说："不要找了，楚国人丢了弓，楚国人捡到了，还找什么。"孔子听说了这件事，说："可惜了，楚王的心还不够宽大。应该说有人丢了弓，有人捡到了就行了，何必要加上楚国呢？"

孔子非常重视人。一次，鲁国的马厩着火了，孔子听说后，赶紧问伤着人没有，却不问马的事。孔子很看重仁。齐国的管仲享用了超越自己身份的礼仪，被孔子看成是不知礼的人。但是管仲辅佐齐桓公建立霸政，尊王攘夷，维护了华夏诸侯国的稳定，维护了普通民众的平安，所以孔子认可他，称："如其仁！如其仁！"他说："人而不仁如礼何？"在他看来，如果不能心怀仁慈，就不用谈礼了。他说："克己复礼为仁！"礼是达到仁的途径之一。

中国孔子研究院院长 杨朝明

这个"仁"的本意其实就是修身，就是修己，就是反省自身。人只有反省自身才能自觉地按照该做的去做。所以孔子有一句话说"仁者人也，亲亲为大"。他说仁爱的"仁"就是我们做人的"人"，我们作为一个人就应当有爱心。有爱心的表现就是亲亲，亲亲就是孝亲。

难以实现的"天下大同"。孔子认为,夏商周三代以前是一个行大道、天下为公的大同社会。但是从夏代开始,大道隐没,进入了一个天下为家的社会。以夏禹、商汤、周文王、武王、成王和周公为代表的君子,以礼规范出一个井然有序的安定社会,这个社会可以称为小康社会。然而,在孔子生活的春秋晚期,随着礼制的荒废,这样的小康社会也不复存在了。

大道之行也,天下为公。选贤与能,讲信修睦,故人不独亲其亲,不独子其子,使老有所终,壮有所用,幼有所长,矜寡孤独废疾者,皆有所养。男有分,女有归。货恶其弃于地也,不必藏于己;力恶其不出于身也,不必为己。是故谋闭而不兴,盗窃乱贼而不作,故外户而不闭,是谓大同。

今大道既隐,天下为家,各亲其亲,各子其子,货力为己。大人世及以为礼。城郭沟池以为固,礼义以为纪;以正君臣,以笃父子,以睦兄弟,以和夫妇,以设制度,以立田里,以贤勇知,以功为己。故谋用是作,而兵由此起。禹、汤、文、武、成王、周公,由此其选也。此六君子者,未有不谨于礼者也。以著其义,以考其信,著有过,刑仁讲让,示民有常。如有不由此者,在执者去,众以为殃,是谓小康。

——《礼记·礼运》

孔子有一段品评春秋历史的很著名的话:"天下有道,则礼乐征伐自天子出;天下无道,则礼乐征伐自诸侯出。自诸侯出,盖十世希不失矣；自大夫出，五世希不失矣；陪臣执国命，三世希不失矣。天下有道，则政不在大夫；天下有道，则庶人不议。"这并不是孔子对春秋历史的总结归纳，而是他亲身经历的现实。

进入春秋，周天子衰落，诸侯争霸。齐桓公、晋文公等实力强大的诸侯，先后担当霸主，号令诸侯，周王只是听从他们摆布的名义上的共主。随着争霸战争的进行，各国的卿大夫逐渐掌握了国政，国君又成为卿大夫手中的傀儡。随着卿大夫的兴起，原来只负责卿大夫家事的家臣们也开始在国家政治生活中呼风唤雨。

春秋后期，鲁国的政治大权落在季孙、叔孙、孟孙氏，号称"三桓"的三个贵族家族手中，国政则把持在"三桓"中实力最大的季氏手中。晋国的国政为范、中行、知、赵、魏、韩六卿家族所把持，晋君已然被架空；六大家族之间争权夺利，相互倾轧。齐国的国政落入卿大夫田氏的手中，其他各诸侯国国政也沦入卿大夫手中。

公元前517年，鲁昭公企图除掉权臣季平子，反而被季氏驱逐。他希望得到齐国和晋国的支持回到国内，可是这两国的国政也把持在权臣手中，他始终没能如愿。七年后，鲁昭公客死他乡，他的太子也没能继承君位。公元前504年，季氏的家主季桓子为家宰阳虎挟持，鲁政落到阳虎手中，长达三年之久。

按照周礼，卿大夫家里只能享用十六人表演的乐舞，而鲁国的执政卿季孙氏在他家里表演天子才能享用的六十四人乐舞。孔子对此十分气愤，他说："这样的事都能容忍的话，还有什么是不能忍受的呢？"天子衰微，诸侯失位，带来的是传统周礼的荒废、陵替。

这是一个广为流传的故事：孔子和弟子在泰山边上，遇到了一位在坟前哭得很伤心的妇女。孔子让弟子去问她，为什么哭得这么伤心。女子回答说："先前我的公公被老虎咬死了，我的丈夫也被老虎咬死了，现在我的儿子又被老虎咬死了。"孔子问她："那你为什么不离开这里呢？"女子回答说："这里没有苛政。"孔子对弟子们说："你们记住了，苛政比老虎还要凶猛。"孔子痛恨猛于虎的苛政，痛恨对于周礼的破坏、僭越，痛恨由种种争权夺利带来的战乱、苛暴。他认为正是礼制败坏、上下侵凌，造成了当时这种黑暗混乱的局面。

周游列国——长达十四年的宦游生涯。在当时的很多人眼中，远去的西周王朝是一个和平、繁盛、秩序井然，没有纷争的美好时代。孔子更是如此。身为殷人的后裔，孔子更推崇西周。他说："郁郁乎文哉，吾从周！"他认为周公所创设的等级分明的礼仪社会，是大道隐没后最理想的国家形式。周公是他一生的榜样。孔子同时相信，只要给他施展抱负的机会，他就可以

孔子为鲁司寇像

重建西周那样的理想社会。

公元前501年,阳虎谋取季孙氏家主地位的行动失败,出逃晋国。已过知天命之年的孔子终于迎来了出仕的机会。次年,他出任鲁国的司空,继而担任大司寇。孔子计划毁去三桓所有封邑的围墙,削弱三桓的势力。这一行动触犯了三桓的利益,在君权早已旁落的鲁国,失败是不可避免的。

公元前496年,在鲁国不能得志的孔子,怀揣重建一个东周的抱负,开始了长达十四年的宦游生涯。

这期间,他到过卫国、曹国、宋国、郑国、陈国、蔡国和楚国。一路颠沛流离,备尝艰辛。他在匡邑被围困,在蒲邑被拘禁,得罪了宋国的权臣,仓皇离开宋国,困饿于陈、蔡之间。

在郑国,他和弟子们走散,一个人仓皇地东张西望,被看到

《孔子圣迹图》之《在陈绝粮》

的郑人形容为"丧家之犬"。他短暂地出仕于卫、陈两国,都没有得到重用。

孔子对自己的政治才能很自信。他说:"苟有用我者,期月而已可也,三年有成。""如有用我者,吾其为东周乎!"如果能有人用我,一个月就会有效果,三年就会有成绩。如果有人用我,我会创造出一个东周盛世。

鲁哀公时期,告朔之礼已经荒废,孔子的弟子子贡打算把原来为这个礼仪准备的饩羊也省掉。孔子知道后,说:"你不舍得那个羊,我不舍得那个礼呀!"连自己的学生也开始做违礼的事。社会的巨变已然开始,孔子重建西周那样的礼仪社会的理想,和当时的社会现实相冲突,更和各国掌权的卿大夫的根本利益相冲突,这决定了孔子根本不可能得志。

《孔子圣迹图》之《匡人解围》

"危邦不入，乱邦不居"是孔子的处世哲学，然而在西周等级秩序已经崩溃的春秋后期，无处不是孔子眼中的乱邦。在一般人颐养天年的年纪，孔子仍然为着自己的理想奔波着。他以复兴周之"文"为己任，自称"东西南北之人"，周行列国，寻找自己的用武之地。但是天下之大，一路颠簸，他却找不到可以让他施展身手的弹丸之地。他试图推行的重振君主权威、爱义忘利、施政惠民、轻徭薄赋的理论，实在引不起掌有实权、忙于争权夺利的卿大夫们的兴趣。

杏坛执教——孔子是中国历史上第一个以教育为职业，使学术民众化的人。公元前484年，漂流在外十四年后，六十八岁的孔子重新回到了鲁国。政治上的失意，老年的来临，使他断绝了仕进的想法。从此，他专注于教育活动。

《孔子圣迹图》之《在齐闻韶》

《杏坛设教图》

春秋后期，社会上有这样一批人：他们有着高贵的世系，受过教育，可以被称作贵族，但却很贫穷，实际的社会处境和普通平民差不多。这样的破落贵族后裔组成了贫困的"士"阶层。孔子就是他们中间的一员。显赫的身世背景没有带给孔子什么实际的社会地位。曾经的贫贱生活磨炼了他的意志，也开阔了他的眼界。孔子广收学生，宣布不管什么出身，只要能拿出十条干肉做见面礼，就可以做他的学生。

西周时代，学问为贵族所掌握，只有贵族子弟才能到官方所办的学校里，学习将来为政所要掌握的知识技能，普通人很难接触到。孔子改变了这种局面。他创办了私学，不问出身，只要勤奋好学的人都可以做他的学生。对待学生，他不因为出身差异而有所偏差，一视同仁。

孔子评价自己的弟子冉雍说："雍也可使南面。"这句话引起了美国汉学家顾立雅的注意。南面，在当时暗指君主之位。在孔子的时代，世袭权力被认为是做天子或诸侯的唯一资格，各级官僚均为世袭贵族把持。冉雍出身贫贱，根本不是贵族，孔子却称赞以冉雍的道德才干，完全有能力做君主。顾立雅称这句话意义非凡："孔子对这位弟子的评论并非草率的赞辞，而是宣布了一项最重要的变革性的政治原则。"

《论语》中有许多开风气之先的提法。像"君子"这个词，在孔子以前、在当时，都是指贵族男子。而孔子却赋予它新的意义。在《论语》中，君子更多的是具有道德上的意义。孔子给它规范了很多道德标准，像忠诚、守信、仁慈、坚定等，不论出身如何，达到这些标准就是君子。同样，在孔子和他的弟子的推动下，"士"这个原来低级贵族的专用称谓,也被赋予了许多道德含义。比如,士志于道,质直而好义,杀身以成仁,不能耽于舒适的生活。只有行为像真正的君子那样,才配称作士。孔子的学生曾子说,士"任重而道远,仁以为己任,不亦重乎?死而后已,不亦远乎?"

清华大学教授 钱逊

孔子《论语》里面讲的君子,是一个理想的人格的目标,君子和小人的区别,不是从社会地位去区分,而主要看重的是一个人的道德、修养、人品。

虽然曾经做过粗鄙的事,但是孔子的教学绝不包括这些内容。他教给弟子的是在当时为政所需要的知识、技能和道德节操。他希望他的弟子们学而优则仕,也极力向为政者推荐自己的弟子。

史称孔子门下有弟子三千人,特别优秀的有七十二人。他们中的很多人出身寒微,凭借自己的能力成为卿大夫的家臣。西周和春秋时期,卿大夫的家臣主要由"士"一级的低等贵族担任。而到了春秋晚期,一些出身寒微的人,凭借自己的能力成为卿大夫的家臣,跻身到"士"阶层,进而在国家政治中展露锋芒。他们所依仗的不是自己的出身,而完全是自己的政治能力。孔子的弟子们就是这样的"士"的先驱。

冉雍,字仲弓,曾任季孙氏的邑宰。

孔子作春秋处

冉求，字子有，曾任季孙氏的宰。

仲由，字子路，曾任季孙氏和卫国权臣孔氏的宰。……

杏坛讲学的盛迹，也许是画家笔下的想象。但是作为中国历史上兴办私学的第一人，孔子是中国历史上第一个以教育为职业、使学术民众化的人，他的学术活动开启了战国讲学游说和"学而优则仕"的风气之先。像孔门弟子那样，许多士人学习专门的政治知识，以此进身国家政治，这也成为一种社会风气。破落贵族组成的"士"阶层，和由仕进而为"士"的平民之士阶层，融合在一起，最终成为战国时期一股强大的政治力量。

《孔子圣迹图》之《退修诗书》

《诗》《书》《礼》《易》《乐》《春秋》是春秋时期贵族们政治活动中的主要思想资源，因此也是孔子教学的主要内容。回到鲁国后，孔子着手对古代的典籍进行整理。儒家学派尊奉的经典《诗》《书》《礼》《易》《春秋》据说都得到过孔子的修订。到战国时期，这些经典已基本成书，到汉武帝时被定为国家经典。

中国社会科学院学部委员 方克立

中国有这个传统，就是通过解经、注经来发挥自己的思想。所以"六经"对于中国统治思想的形成，起了很重要的作用。中国的经学史的源头就要归到"六经"，"六经"实际上在孔子以前已经存在，孔子的工作是对它进行整理。这是为传承中国文化做的一个很重要的贡献。

孔子生命的最后四年，打击接踵而至。公元前483年，孔子唯一的儿子孔鲤去世，因为家境贫寒，只能薄葬。公元前481年，孔子最喜爱的弟子颜回去世。孔子伤心地大哭，说："天丧予！天丧予！"公元前480年，孔子最倚重的弟子子路死于卫国的内乱，死时被砍成了肉泥，十分惨烈。孔子为之大哭一场，让家人把厨房中的肉酱倒掉，害怕联想到子路。

公元前479年，孔子自作了一首歌："泰山其颓乎？梁木其坏乎？哲人其萎乎？"他的学生子贡听到后，赶去看望他。他对子贡说："你怎么来得这么晚啊？天下明王不兴，没有人听我的；我快要死了。"七天以后，孔子去世了，终年七十三岁。孔

子贡像

《圣庙祀典图考》中的复圣颜子

子一生始终以周公为榜样,非常希望能像周公一样在政治和文化上有所建树。然而,生不逢时,他的一生基本是在颠沛流离中度过的。但是,孔子在坚持自己的理想上,表现出了直道而行,不畏其身,知其不可为而为之的勇气。他的道德品格也深深影响了他的弟子们,赢得了他们的尊重。

孔子去世后,弟子们主动为他守丧三年。汉学家顾立雅这样写道:"在这些弟子中,有的很年轻,有的正值壮年,有的事业刚有开端,还有一些人事业正在高峰,他们要花掉生命中三年的时间,几乎无所事事地服侍于孔子墓地。为了谁呢?不是双亲,不是君主,甚至不是一个世俗身份很高的人,而只是为了一个卓尔独行之人——他从未升至高位,也没有多少实际的政治成就,那只是他们多年来的老师。"在当时,只有子女为父母、臣下为君主守丧三年的规定。而在礼制荒废的情况下,三年之丧很少有人能做到。孔子以自己的人格魅力征服了学生们,使他们成为自己理论的传播者和实践者。

万世师表匾额

顾立雅称:"自古以来,教师的数目可谓不可胜数,但是,像孔子那样以个人的身份并完全依靠对年轻人的教导而改变人类历史进程的教师却是屈指可数的。"

孔府忠恕堂

孔子的弟子们也都讲学收徒,到战国时期,儒家发展成为诸子百家中最为兴盛的学派之一。

列国变法

战国蹲踞马形青铜竿头饰

经过春秋时代的长期战争,许多小的诸侯国不复存在,几个大的诸侯国日益强大,争战不休。到了战国时期,"上无天子,下无方伯,力功争强,胜者为右"。诸侯国为获取更多的土地、财富和人口,彼此之间不断开展兼并战争,争夺生存空间。战况空前惨烈,各国统治者都在寻求在竞争中生存下来的办法。克敌取胜之道,首在富国强兵,诸侯国的统治者们争相延揽人才,不断调整国策,希望用最短的时间来达到目的。变法的星火,以不可遏止的燎原之势在各国蔓延开来。

尊贤养士。春秋大国晋国的分裂,让战国时期的国君们开始防备那些世卿大族,他们日渐强大的实力,对国君形成很大的威胁。各国国君迫切需要建立起一支完全忠于自己的官僚队伍。于是,一些出身下层、没有根基而又才华横溢的士人,成了国君们付以重任的首选。

而在七国之中最弱的燕国,燕昭王"千金买马骨"的故事更能说明当时国君们求贤的诚意。公元前314年,燕国发生内乱,临近的齐国乘机出兵,侵占了燕国的大部分领土,燕国差点就此灭亡。燕昭王即位后,决心夺回失去的土地,振兴燕国。

燕昭王卑辞厚币招揽贤才,却总是觉得效果不好,于是去向燕国的贤人郭隗先生请教,郭隗给他讲了个故事:有一个人用千金求取千里马,三年都没有买到,他的手下自告奋勇去买,结果用五百金买了一匹死掉的千里马回来。这人很生气,手下解释说,死的千里马您都要,何况活的?如今天下人都知道您要买千里马,很快就会陆续送来的。果然,这人一年之内就得到了数匹千里马。

燕昭王明白了郭隗的意思,专门建造了宫室,并拜郭隗为师。这一做法果然非常奏效,燕国求贤的决心和诚意传遍天下,乐毅、苏秦等杰出人才纷至沓来。

由于君主们对人才的渴望,战国时期,一个早上还默默无闻的士人,很有可能晚上就已经腰佩金印

乐毅像

在朝堂上呼风唤雨。贫富穷通的落差，吸引着士人们前仆后继地为自己找一个"好东家"。

在当时士无常主的观念下，士人并不需要对君主从一而终。谁赏识他，他就为谁效命。人才在各诸侯国间流动频繁。有些人甚至做出对"老东家"不利的行为，这在当时都无可厚非。

《史记》中记载，脚穿草鞋，肩挂雨伞，土里土气的虞卿，去游说赵孝成王，第一次会面之后，赵王便赐给他黄金百镒，白璧一对；第二次拜见赵王，虞卿就担任了赵国的上卿。穷困潦倒，在家里吃口剩饭都要遭白眼的苏秦，当游说列国推销自己成功，组建合纵联盟后，很快就当上了合纵长，身佩多国相印，一怒而诸侯惧。军事家孙膑，先在魏国效力，因受庞涓迫害，遭受膑刑，身体残疾，后在齐国使者的帮助下投奔齐国，被齐威王任命为军师，辅佐齐国大将田忌两次击败庞涓，奠定了齐国的霸业。

商鞅，原本是魏国大臣公叔痤的家臣，在魏国不受重视，辗转到了秦国，通过变法使秦国成为战国后期最富裕强大的国家。通晓兵家、法家、儒家三家思想的吴起，在魏国主持军事改革后，虽大败秦军，但因受魏武侯猜忌而投奔楚国。亲身经历了魏国变法的他，被楚悼王指派主持楚国变法，站在了权力的顶端。

制度的变化，带来的是社会风气的巨变。明末清初的著名学者顾炎武在《日知录》中写道："春秋时犹尊礼重信，而七国则绝不言礼与信矣；春秋时犹宗周王，而七国则绝不言王矣；春秋时犹严祭祀、重聘享，而七国则无其事矣；春秋时犹论宗姓氏族，而七国则无一言及之矣；春秋时犹宴会赋诗，而七国则不闻矣；春秋时犹有赴告策书，而七国则无有矣。邦无定交，士无定主。"当诸侯们摒弃出身背景，而以人的才能为原则选任自己的官员时，出身贫寒的人看到了自己的希望。"布衣卿相""养士"成为战国时代独特的风景线。游士们游走于各国之间，完全不提礼义廉耻，纯粹从利的角度为君主和权臣出谋划策。

在士无常主的战国时代，国君们纷纷开出优厚的条件，吸引人才前来投奔。一时之间，"礼贤下士"和游说君主成为风气。后来的事实也证明，如果一个国家的尊贤养士工作做得好，那么这个国家就一定会强盛起来。

历史学家许倬云教授研究发现，进入战国，那些在春秋时期叱咤风云的世卿显贵家族，除少数成为新的诸侯国君外，已经荡然无存。他发现，与春秋时期各国执政都出身于特定的世卿家族、国君基本上无权任命执政不同，战国宰相一类高级官员多是由本国国君任命，宰相或者由国君最亲近的子弟姻亲担任，或者由出身寒微、不属于任何大家族的士人担任。和春秋时期的世卿相比，战国宰相不是终身职，也没有固定的任期。他们必须依托国君，以执行国君的权力。

春秋时代，教育由贵族垄断，朝政也由上层贵族把持，代代世袭。而战国时代，教育不再是贵族的专利，著名的学者纷纷聚众讲学，宣扬自己的政治和学术思想，各家学派蜂起，百家争鸣，空前热烈。勤学有志的士人也如饥似渴地追随各家学术大家，优秀的人才更是身兼数家所长。

这其中，一个被后人称为"法家"的群体被各国君主重用。与战国时期的其他学派不同，法家虽然是一个从来未曾出现实质性门派的松散体系，但法家学者大多集众家所长、才华横溢。战国时的法家学者虽然没有特别明确的师承关系，但有着相似的政治主张。他们在摒弃"礼治"，提倡"法治"的同时，主张通过农耕和战争来达到富国强兵的目的，提倡君主权力的高度集中，并通过严刑峻法来管理人民。

武汉大学法学院教授 陈晓枫

法家是最晚出的，综合了各家之长，总结和批判了儒家、道家、墨家提出来的救国和治世的方案，提出了关于政治、经济以及法律制度的设想。法家为什么后来被各国国君所采纳？实际上，法家这些主张都极有针对性，对破除原有的血缘贵族关系，建立新的法律秩序，提出了非常重要的建设性的意见。两千多年前的法家们所倡导的一些法律理念甚至还影响着当今的法律制度建设。

魏国李悝变法。战国初期的魏国，虽然占有中原大部，但是四邻为齐、楚、秦、赵四个强国。四战之地的先天环境，让魏文侯十分不安，求变图强的愿望十分强烈。魏文侯任命李悝为相国，在全国范围内实行变法。李悝在魏国的变法，对当时的其他各国以及中国后来两千多年的历史都产生了深远的影响。

李悝为了能够自上而下地推行自己的变法主张，一方面制定《法经》进行严苛的约束，另一方面从最根本的奖励耕战开始。战国时代的农民，是劳动力和兵源的基础，各国君主都希望有更多的百姓为自己卖命。

湖北江陵张家山247号汉墓出土的《奏谳书》是我们目前能够找到的最早的一部记有完整案例的古代文献。文献中记载了二十二个完整案例，这些案例的判罚准则最早可以追溯到一部叫《法经》的法典。《法经》，是我国第一部比较系统的法典，里面详细规定了如何利用"严刑峻法"惩治反对变法的法律条文，其中分为《盗法》《贼法》《囚法》《捕法》《杂法》《具法》六篇。

后来商鞅入秦，就是带了《法经》去的。之后秦国的秦律和汉朝的汉律，都是以《法经》为依据，逐步修改增订而成的。

从春秋末年的铁制农具出现后，耕作能力大大提高。很多人在公田劳动之外，开垦荒地成为私田，私田的收获物归自己支配，还可以用来交换。李悝强调要各级政府大力发展农业，尽力发掘土地潜力，增加粮食产量。在他的主持下，魏国按照户籍制度，实行授田制，并指导农户生产。

魏国人多地少，李悝算过一笔细账，方圆百里的范围内大约有六百万亩耕地，如果农民精耕细作，那么每亩就能多收三斗，要是劳作马虎，每亩就要少收三斗，这样一增一减，地方百里的粮食增减数就是一百八十万石。

同时，因为当时天灾频繁，粮食的价格很不稳定，农民生活常常得不到基本保障，谷贵时伤农，谷贱时也伤农。为了让农民安心劳作，稳定国家的经济基础，李悝实行了平籴法。在丰收年，由国家平价购入农民手中的粮食，到了荒年，国家仍然按照平价出售粮食给百姓，有效地防止了商人对粮食的投机活动。

在保障农民收入的同时，李悝还向魏文侯主张废除世袭贵族制度，大力发展个体经济。这是迥异于西周时期集体劳作方式的典型的男耕女织的小农家庭生产模式。李悝把那些没有功劳却依靠世袭享受荣华富贵的人，叫作"淫民"，把他们的钱财用来供养对国家有贡献的人。生产工具的进步和李悝的变法，使得魏国率先发展了小农经济。

由于采取了公允平等和奖惩分明的政策措施，李悝的政治改革取得了巨大成功，再加上"尽地力"和"平籴法"等鼓励农耕的政策，魏国日益强盛起来。

武汉大学法学院教授 陈晓枫

法家以任命权为中心，设置分层级的官僚体制，上面有相，下面有大夫，然后有太守，有县令长，用行政方式来建立整个国家的政治体制。法家这种政治控制方式，一断于法的思想以及司法公平的理念，对中国的影响一直延续到近现代。

吴起像

吴起在魏国的军事改革。一个国家要称霸,仅仅依靠发展经济和开明的政治是远远不够的,必须建立一支战无不胜的强大军队。

与李悝进行经济、政治、法制领域改革的同时,吴起也正在军中进行他的军事改革。吴起的军事改革,除了注重改善官兵关系外,其主要目的就是建立一支能征善战的常备军。

在战国士人群体中,一生经历鲁、魏、楚三国,通晓兵家、法家、儒家三家思想的吴起,可以说是其中一个代表人物。吴起,卫国人,年轻时家中富有,但他不爱从事生产,而是在各国游历,谋求官职。但直至把家里的钱财消耗殆尽也没有成功。失意的吴起,受尽了邻居们的讥笑冷落,他一气之下,杀掉曾经嘲讽过他的三十多个人,逃出卫国前往鲁国。

临走前,吴起跟母亲告别,发狠把自己的右臂咬破起誓:不做大官,绝不回卫国!吴起的母亲去世时,身在鲁国的吴起,已经拜儒家曾申为师。按照儒家的传统,父母去世,儿子要守丧三年。但是,一心要在仕途上图谋发展的吴起并没有回家奔丧。吴起的行为引起曾申的反感,他与吴起断绝了师徒关系。

这一年,齐国攻打鲁国。被逐出师门后潜心研究兵法的吴起,在沉寂了数年后,终于等来了期盼已久的机会。为了打消鲁穆公的顾虑，吴起杀掉了自己出身齐国的妻子，如愿以偿地当上了鲁国的将军。

这一次，吴起的才华终于得以展现，初出茅庐，就率鲁国军队大败齐军。作为一个小国的将军，却能把强大的齐军打得落花流水，立了大功的吴起踌躇满志，决心要在鲁国大展身手。但是，取胜后的吴起引起鲁国群臣的非议，鲁穆公开始听信谗言，疏远吴起。面对优柔寡断的鲁穆公，吴起毅然决然地离开鲁国，转而奔向当时最强的魏国谋求发展。

在魏国，吴起受到魏文侯的重用。为了精选武士，吴起对军队制定了严格的标准。他认为兵不在多，而在于精，他首创了考选"武卒"的方法，入选武卒的条件很苛刻，必须身穿全副甲胄，能拉开十二石的弩，背着能装五十支箭矢的器具，肩扛长戈，腰挂利剑，带着三天的干粮，在半天内疾行一百里。士兵一旦入选武卒，国家就免除他家的徭役和宅田税。这一举措，极大地调动了将士的战斗积极性。短短几年后，这些被吴起精选出来的武卒，被打造成战国时期诸侯国中最强悍的步兵，震慑着其他各国。

战国时代，在绝对实力下，强大就意味着扩张，被魏文侯重用的吴起，在战场上宛若神灵附体，在魏国期间，吴起率军与其他诸侯大战七十六次，获胜六十四次。

公元前389年的阴晋之战，吴起以五万魏军击败十倍的秦军，短短数年，就占领了原本全部属于秦国的河西地区，魏国在这里设立西河郡，任命吴起为西河郡守。在担任西河郡守期间，吴起总结了自己的军事实践经验，写成了《吴子兵法》。这是一部在中国军事史上与《孙子兵法》有着同等重要地位的兵书，秦汉以前流行颇广。

中国人民解放军国防大学战略教研部教授 陈相灵

吴起的兵法跟孙子兵法曾经是齐名的。它的内容主要体现在战略思想上，吴起把儒家的思想和兵家的思想结合在他的兵法当中，这就是以"内修文德，外治武备"为核心的思想。治国理政，要用儒家的思想；外治武备、发展军队，要用兵家的思想。

魏文侯死后，他的儿子魏武侯继位，任命田文为相国。吴起很明白，对魏国来说，自己是个外人，在新君初立的情况下，田文担任相国，的确是比自己更合适。

但是，田文死后，吴起依然没有当上相国，继任的是娶了公主的公叔痤。吴起耀眼的才华和显赫的功劳像芒刺一样，时刻刺痛新相国，让他寝食难安。自知才能远远不如吴起，对吴起心存顾忌的公叔痤，设计令魏武侯对吴起生疑，使其不再信任吴起。在魏国无法立足的吴起，只好再次寻找新的舞台——楚国。

楚国变法。春秋时的楚国，地广人众，拥有百万大军，在五霸中是一支举足轻重的力量。但是，吴起到来时的楚国，政治腐败，经济落后，国力一直萎靡不振，兵力虽多，战斗力却不强。楚悼王继位后，连年遭到魏、赵、韩等国的进攻，不断丧师失地。楚悼王不得不用重礼贿赂秦国，在秦国的帮助下才和魏、赵、韩讲和。

在这种内外交困的形势下,吴起的到来,就像是上天送给楚悼王的礼物,楚悼王如获至宝。初到楚国,吴起就被任命为宛守,一年后就被提升为令尹,主持楚国的变法。手握改革大权的吴起首先对楚国官场进行大换血,凡是没有用的虚职冗员一律淘汰,将俸禄用来养选练之士;同时严禁不正之风,私门的请托一律不许;又禁止纵横家进行游说,防止他们口舌生事,破坏风气。

对贵族,吴起更是毫不留情,剥夺他们世袭的特权,三代之后,取消他们的爵位。当时,楚国土地虽多,但是开发却不充分。于是,吴起强迫贵族子弟迁往人口稀少的边远地区,开垦荒地,自食其力。这个举措有力打击了楚国旧贵族的势力,使其远离经营多年盘根错节的故地,同时也加速了楚国边远地区的开发。

吴起的改革,切中楚国的要害,也深刻触动了楚国世家大族的利益,众多的贵族对他衔恨在心,恨不能杀之而后快。虽然反对者甚众,但楚悼王并不为所动,毫无保留地支持吴起大刀阔斧的改革。在很短的时间内,楚国的政治面貌为之一变,经济状况得到改善,军事能力大大提高。

中国人民解放军国防大学战略教研部教授 陈相灵

吴起是要革贵族的命,过去的贵族是可以世袭的,但现在要造就新的贵族,不能世袭了,要把铁饭碗给打破。谁来当新贵族呢？就是立了战功的人。旧贵族反对改革，普通老百姓则希望通过军功来改变命运。但是很可惜，改革刚刚开始，楚悼王就去世了。

公元前381年，吴起带兵攻打魏国，一直打到了黄河沿岸，就在取得胜利的时候，楚悼王去世，吴起从前线匆匆赶回楚国国都奔丧。身为一个外来的士人，吴起在楚国没有根基，一旦支持他的楚悼王去世，他立刻又回到了孤家寡人的状态。此时的都城，等待吴起的是怀恨在心的楚国旧贵族的疯狂报复。

在楚悼王的葬礼上，旧贵族们迫不及待地向吴起发起攻击。绝望中的吴起扑在楚悼王的尸体上，旧贵族们乱箭齐发，射中了吴起，也射中了楚悼王的尸体。吴起在临死前，已经为自己想好

楚国宫殿复原图

了报仇计划。按照楚国的法律规定："丽兵王尸者，必加重罪，灭三族。"也就是说，伤害君王尸体者，罪及三族。吴起虽死，七十多家楚国贵族也因此惨遭灭族。

吴起死后，变法随之夭折，楚国的旧势力重新抬头，军政大权始终掌握在贵族昭、景、屈三家之手，吏治也未得到真正改观。

武汉大学法学院教授 陈晓枫

法家有个很重要的思想，韩非子总结说，叫惩一罪之重，用重刑去罚罪，止一境之邪。这样的价值观、道德观，以及对道德和法律之间的关系的判断，就导致法家人物自己最后基本上都是死在自己所制定的法律上。法家的法律太严苛了，也都很残酷。

采纳法家们变革建议的国家都取得了富国强兵的效果，中央集权政治体制和新的经济体制也都得以确立。并且，各诸侯国都致力于加强军队的战斗力，对立功军士给予厚赏，最大程度地激发了他们的能量。

在李悝主持魏国变法的同期，赵国相国公仲连也进行了政治改革。到了吴起在楚国主持变法时期，邹忌在齐国，申不害在韩国，商鞅在秦国都进行着不同程度的社会改革。

在吴起被杀害二十二年后，商鞅总结了各国的失败教训，带着李悝的《法经》来到了秦国。在秦国，商鞅使法家主张乱世用重刑的政策得到了最大程度的实施。

列国变法 | 249

战国时期，为保障耕战的基础——劳动力和兵源，不仅是魏国，其他各国也都在推行郡县制，郡下统县，县下设乡、里，由中央到地方形成一张巨大的蜘蛛网，控制着整个国家。户籍制度就是这张蜘蛛网上黏性强大的蛛丝，牢牢把百姓控制在君主手中。

秦国对魏国的法律进行吸收改造，将爵位规定为二十等级，重新制定爵位获取、升降、继承等原则，以军功作为赏爵的唯一依据。在战场上英勇杀敌者，不管其出身是贵族、士人还是农民、奴隶，都可根据斩首的数量赐予爵位。战败者，则要削夺爵级。

丰厚的赏赐对于秦人而言极具诱惑力，他们在战场上努力杀敌，建功立业，秦国的军队成为所向披靡的战斗机器。在厚赏军功的同时，秦国的法律对"私斗"的惩罚相当重。当时的刑罚手段多且残酷，其中仅死刑就有十多种，割鼻、砍脚、阉割使受刑者成为各种各样的残疾，所以秦人都"勇于公战、怯于私斗"。

而更为严酷的是秦国实行的"什伍"户口编制。在秦国，商鞅将居民按五家编为一伍，十家编为一什，各家之间要相互监督，有违法行为要互相告发，一家有罪，其余各家全部连坐。

当商鞅被人告发要谋反，逃亡到函谷关下时，想在旅舍里住一晚，店主因为商鞅没有带任何证件而将他拒之门外。也正是这些法令，让商鞅和吴起一样下场悲惨。秦孝公去世以后，继位的秦惠文王听信诬告，将商鞅车裂而死。不同的是，楚国在吴起死后，旧的制度死灰复燃；秦国在商鞅死后，新法却被保留下来，有效执行了近三十年，为以后秦统一六国打下了基础。

战国变法运动绵延一百多年,极大地改变了社会的面貌,其范围之广、影响之深,不仅在当时,即使对后世,也是独一无二的。变法中形成了中国之后两千年的国家机器、经济结构和法律制度的雏形,此后虽然历经政权交替、朝代更迭,以君主为首的中央集权的官僚政治体制、以家庭为单位的小农经济体制却一直统治着神州大地,未曾动摇。直到辛亥革命这场更大的变革风暴袭来,它才被连根拔起,轰然倒塌。

战国七雄

战国铜鹿

公元前453年,晋国的韩、赵、魏三家卿大夫联合起来,灭掉了当时国内最有实力的卿族知氏,瓜分了知氏占有的土地,形成了三分晋国的局面。公元前403年,韩、赵、魏三家共同逼迫周威烈王将他们列为诸侯。春秋时代最强大的中原诸侯国晋国,就这样消失了。与此同时,另一个大诸侯国齐国,也被异姓贵族田氏篡夺了政权。公元前386年,周安王正式册命田和为诸侯,田和成为田齐太公,姜氏齐国被田氏齐国取代。战国时期的七个主要诸侯国,即赵、魏、韩、齐、楚、燕、秦,被称为"战国七雄"的七国并立的局面形成了。战国的历史,就是这七个国家进行兼并战争、比拼国力的历史。其间，又有策士穿插其中，纵横捭阖，呈现了一幅云谲波诡的历史画卷。

全民皆兵的战国时代。战国时代，周天子的统治地位已经完全丧失，战火笼罩着中原大地。春秋以来数百年的相互征伐，大多数诸侯国已被蚕食、分解，逐渐消失在兼并战争的硝烟中。其中脱颖而出的，是当时七个最为强大的国家，史称战国七雄。

春秋时期最强大的晋国，分裂为魏、赵、韩三个国家，合称三晋。魏国在战国初年，国势最为强盛，依靠强悍的武卒，一举成为战国时代的第一个霸主。韩国在三晋中国势最弱，但占据中原最为膏腴之地，经济发达，在灭掉郑国之后，实力更有所加强。长期与游牧民族对抗的赵国，在赵武灵王推行胡服骑射后，兼并了北方的代国，大大扩充了版图。

赵国，大致占有今山西中部、北部、东南部的部分地区，河北南部，以及山东、河南两省与河北省交界处的部分地区。最初建都晋阳（今山西太原西南），后来迁到中牟（今河南鹤壁西），公元前386年迁到邯郸（今河北邯郸）。

魏国，主要占有今山西南部的大部分地区，河南及河北、山东三省交界的部分地区。建都安邑（今山西夏县西北），公元前361年，迁都大梁（今河南开封）。

韩国，主要占有山西东南部和河南中部、西部的部分地区。始都平阳（今山西临汾西北），后迁都阳翟（今河南禹州），公元前375年，迁都郑（今河南新郑之郑韩故城）。

齐国也是春秋时的强国，濒临海滨，物产丰富。田氏代齐之后，又加强了对鲁、卫等国的侵夺，疆域进一步扩大。

齐国占有今天的山东东部、北部和西北部，以及河北东南部地区，国都临淄（今山东淄博西）。

春秋时期另一个唯一能和晋国抗衡的超级大国楚国，进入战国之后，依然不断开疆拓土，疆域为各国之冠。

楚国占有今天的湖北，以及河南南部，湖南东北部，江西和安徽北部，陕西东南角，江苏西北和山东的部分地区，国都郢（今湖北江陵西北纪南城）。楚国是战国早中期疆域最大的国家。

燕国在七雄之中实力最弱，但因地处北方，非四战之地，所受的冲击较小，而且也在东北开疆拓土。

燕国拥有北京，河北北、中部，辽宁西南部和山西的东北角。国都蓟（今北京市区西南），燕昭王开始设下都于武阳（今河北易县南）。

西北方的秦国在经过二百多年的浴血奋战后，终于彻底征服了剽悍的游牧民族，占有了西北高原大部。

秦国，领有今陕西关中绝大部分土地，以及甘肃东南的小部分土地。国都雍（今陕西凤翔东），后来迁到泾阳（今陕西泾阳西北）、栎阳（今陕西富平东南）。公元前350年，迁到咸阳（今陕西咸阳东北）。

除了这七个国家，战国初年，还有宋、鲁、中山、郑、卫、周、杞、蔡、滕等小国存在。这些国家在战国七雄的兼并战争中先后被灭亡了。

就在七国获得部分兼并战争胜利而使得疆域不断扩大的时候，冷兵器时代的战争模式也在悄然发生变化，春秋时期那种各国交战点到为止、揖让有礼的情况不复出现，取而代之的是殚精竭虑消灭对方有生力量的战争。于是，平民也开始被征发入伍，人数多寡成了最基本的制胜因素，为此各国都建立了数以十万甚至百万计的军队。

战国时期，各国普遍推行的户籍制度和郡县征兵制保障了兵源的供应，一旦需要，各国可以组织起数十万人的大军。一场战争，参加的人数和死亡的人数都相当惊人。公元前293年，秦破韩魏联军于伊阙，斩首二十四万人。公元前274年，秦败魏军于华阳，斩首十五万人。公元前260年，长平之战，秦国俘虏了四十万赵军，而为了应付这场决战，秦昭王把全国十五岁以上的壮丁悉数征发到长平。公元前251年，七雄中最弱的燕国，起兵六十万攻打赵国。与此同时，战争转变为阵地战、攻防战，战争时间极大延长。魏惠王围邯郸三年而弗能取。赵武灵王二十万大军攻中山，五年乃归。秦赵长平决战历时三年，赵国最终被打垮，但是秦国也遭受了很大的损失。

春秋时期的战争还讲究"礼""让"，贵族们在作战的同时，还表现出"不擒二毛"这样的绅士行为。进入战国，这些礼仪的面纱逐渐褪去，战争变得更为残酷和冷血。当代历史学家许倬云曾风趣地说，春秋早期的战车武士，已经习惯了跟成千上万骑士般的武士进行游戏似的战斗，如果他被请去率领一支十倍于春秋时期的军队，来打一场讲究计谋、残酷血腥的步兵战的话，他肯定会感到十分迷惑。

中国人民解放军国防大学战略教研部教授 陈相灵

实际上，当时基本上各个诸侯国都是全民皆兵，可以说壮劳力都是战士，战争爆发了，可能都要出征的。

步兵的作用日趋重要。 西周、春秋时期，贵族喜欢随葬车马，全国发现过很多贵族的车马坑，随贵族地位的高低而规模不同。因为战车是当时最主要的战争工具，战车的数量是评价国力的重要标准。车兵与步兵是春秋时期各国军事力量的主要组成部分。

战国宴乐铜壶，从中可以看出战国时期兵战的阵势。

早先，步兵都是跟在战车后面，辅助攻击以及提供后勤，但在春秋时期，晋国因为在与戎狄作战的过程中，发现步兵比车兵灵活，也开始建立自己的专门步兵队伍，被称为"行"。但那时步兵依旧还是点缀。随着战争规模扩大，统治者实行全民皆兵，普通百姓到年龄就征发入伍。对他们来说，驾驶战车这项复杂的技能一时之间很难掌握，加上战争开始采取诡道，场所也从广阔的平原迅速扩展到山林、江河和险要之地，车兵在山林之地远没有步兵机动灵活，极易受地形限制。而步兵普遍装备有远射的强弓劲弩，能在远距离、短时间内将排列整齐的车阵射得阵形大乱。所以，步兵的作用也日趋重要。

高大的城墙在冷兵器时代的防御作用非常有效，各国纷纷兴建长城抵御敌人的进攻。内长城用于防御七国之间的相互征战，外长城则用于防御北方少数民族的侵扰，秦始皇统一中国之后所修建的长城，便是以赵、燕、秦三国原有的长城为基础的。

不仅如此，战国时期，各国都在边境和交通要道上建设关塞，利用山水之险，赢得作战之利，而不像以往那样在平原广隰对面决战。同时，由于冶炼技术的发展和严格的管理制度盛行，弓弩之类的远程武器开始进入工业化制造，并在军中普遍运用。

战略、战术的发展，让战争更加追求速度和灵活，而骑兵的兴起，使之成为可能。 马是很早就被驯服的骑乘工具。早期中原人不会骑马，马只是用来驾车。在春秋末年，开始有人骑马，但在马上骑乘自如地打仗，这技巧还没有掌握。战国时代，中国北方生活着的游牧民族已经掌握了精湛的骑射技能，行动轻捷便利。与多个少数民族接壤的赵国，备受胡骑侵扰之苦，赵国虽然武器精良，但是笨拙的战车和迟缓的步兵，在"来如飞鸟，去如绝弦"的胡骑面前，只能是挨打的靶子。

公元前307年，赵武灵王痛定思痛，下令"胡服骑射"，穿胡人的服装，学习胡人骑马射箭的作战方法。朝野一片哗然。保守派大臣竭力反对。武灵王不为所动，劝说反对派首领公子成，让他和自己一起穿上短衣紧袖的胡服上朝，自上而下推广"胡服骑射"。

赵国很快训练出一支强大的骑兵部队，到处扩张，同时收编了北方游牧民族林胡和楼烦的骑兵，战斗力得到了极大加强，一跃而成为战国时代仅次于秦国的强国。

而秦国的强大，也跟它地处西陲，与少数民族接壤，早就学会了骑射有关。而且，秦国的疆域内，是中国最好的骏马出产之地，秦国的军事力量，与它拥有取之不竭的战马资源息息相关。战国时期，骑兵虽然最初只与兵车混合编制，但很快就发展为单独部队，配合当时主要的作战兵种步兵作战。

因为其前所未有的速度和机动能力，在中原地区各国，骑兵部队很快成为战争中的主力兵种之一。此后车、步、骑三种兵种的配合使用，成为中国整个冷兵器时代兵种配合的基本形式。

赵武灵王胡服骑射

战国七雄的军备竞赛。南方的楚国，在骑兵方面就明显处于下风。南方卑湿，不产战马。一直到汉初，位于南方的长沙国还给中央上书，希望允许到关中买马。

不过，铜矿资源却是南方丰富，楚国的繁阳是著名的铜矿产地。

数千年来，铁、铜等金属矿藏一直是所有国家最重要的战略资源，拥有丰富矿藏和先进冶炼技术，就意味着有可能成为雄霸一方的超级大国。战国时期，冶铁技术刚刚被人们掌握不久，正处于发展时期。

早在商代，就出现了铁制器具，当时的人已经知道，铁比铜质地坚韧，性能更为优良。但那时还没掌握冶铁技术，基本都是在铜兵器的刃口上镶嵌陨铁。西周时，开始出现冶铁，但质量不高。战国时期是青铜兵器与铁兵器并存的时代，当时各国都已经有了重要的冶铁手工业地点。冶铁技术推广以后，古人开始扩大炼炉，加强鼓风设备，提高冶炼水平，并发明了渗碳制钢的技术。战国后期冶铁技术的长足发展，让武器也不断升级，大量钢铁兵器应运而生。戈、矛、剑、戟等手持武器质地因而变得坚韧锋利，杀伤力大大提高。

20世纪60年代，在湖北江陵望山二号墓曾出土一柄越王勾践剑，墓主名叫卓固，是楚国的一位下大夫，这柄剑应该是楚国灭越的战利品。经过现在冶炼专家分析，此剑铸造工艺非常高超，至今依旧金光闪闪。墓主将其陪葬，应该也是因为对它特别钟爱。可见当时越国的铸造技术强过楚国。但为什么越国却被楚国灭亡了呢？这说明，在冷兵器时代的战争中，武器的优劣并不是制胜的决定性因素，决定性因素在于政治制度。

在那段战火纷飞的时期，军事力量薄弱却拥有先进的技术与庞大的矿产资源的国家，往往是七雄兼并的首选目标。

今天的考古发现证明，除了手持的兵器外，战国时期的铜弩机在结构原理、制作技巧上都很成熟，韩国的强弓劲弩更是天下闻名，据史书记载，韩国制造的弓弩能射到六百步之外。可是，韩国的国力却在战国七雄中排行倒数第二，仅比燕国强一点。

在武器快速发展的同时，防御装备也在不断进步。齐国的冶炼技术也非常高超，甲胄之坚固名闻天下。

战国铜矛

武器的革新需求也造就了一大批能工巧匠和发明家，活跃于战国初年的公输般发明了云梯和钩拒两件新式武器，云梯用于攻城，而钩拒则用于舟战。墨子同样是一位伟大的发明家，在墨子家乡山东滕州的墨子纪念馆里，陈列着墨子的发明创造，有很多都是当时最先进的武器装备。

战国时代的军事家群体。军队人数的增多、兵源的变化和武器装备的进步，让战争变得更为残酷，也让指挥战斗日益成为一门艺术。兵家在战国时期得到长足的发展，军事学成为战国时代发展最快的学问之一。优秀的将帅，在战场上有着化腐朽为神奇的魔力。

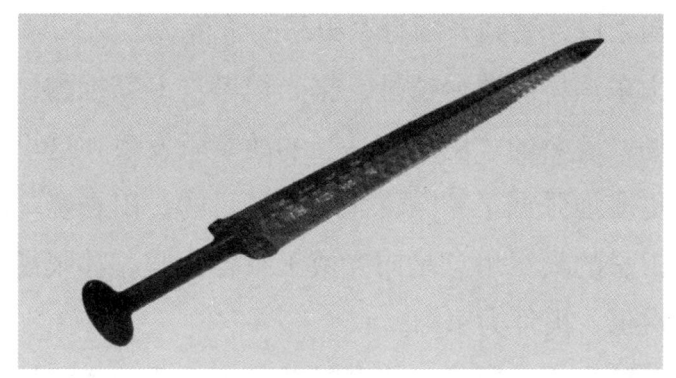
越王勾践剑

两千五百年前成书的《孙子兵法》，不仅被中国历代军事家和战争指挥人员奉为圭臬，更是被翻译成多种语言在世界广为流传，在美国的西点军校甚至被定为战争哲学。

春秋时期出世的《孙子兵法》注重战略，到了战国时代，一大批更富有实战技能和经验的军事家诞生了，吴起、乐毅、白起、孙膑等成为一时翘楚，登上了历史舞台。

其中，吴起偏重于士卒训练，他训练的魏国武卒，成为战国时期最为强悍的特种部队。而与吴起齐名的孙膑，则展现出了非凡的实战能力。

孙膑是齐国人，据说与当时威震四方的魏国大将军庞涓师出同门，一起向鬼谷子学习兵法。后来庞涓急于建功立业，先下山求取功名。他和孙膑约好，一旦有了功名，便会大力推荐他，共享富贵。庞涓做了魏惠王的将军，很受重用，但他心里知道自己的才能远不如孙膑，始终惴惴不安。他派人把孙膑请到魏国，却在魏王面前诬陷孙膑私通齐国，挖了他的膝盖骨，防止他逃跑。残废的孙膑忍辱负重，终于在庞涓放松警惕时趁机逃回齐国。孙膑到了齐国之后,受到齐国将军田忌的善待。

位于山东淄博的遄台遗址,据当地考古专家推测,曾经是齐国的赛马场,著名的"田忌赛马"的故事就发生在这里。这个故事中其实更多地强调了智慧,而忽略了目的。田忌赛马的策略出自孙膑,田忌的真正用意是向齐威王举荐孙膑。孙膑最终得到了齐威王的赏识,被拜为军师。

随着孙膑为齐国所用,战国时期最为经典的两场战役就在齐魏两国之间展开。这就是后人津津乐道的桂陵之战与马陵之战。

在桂陵之战中,孙膑创造出了"围魏救赵"的经典军事战术,齐国军队不仅解了赵国之围,而且大败由庞涓统领的魏国军队。

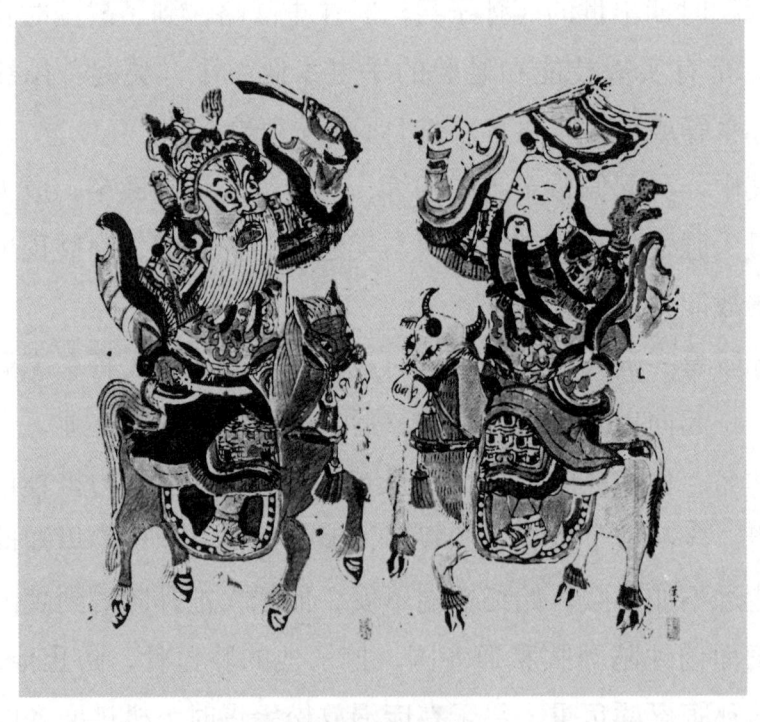

清印本《庞涓与孙膑》

在马陵之战中，孙膑采用逐日减少营地军灶数目的策略，制造齐军大量逃亡的假象，导致庞涓轻敌冒进，最终将庞涓围困在马陵山。庞涓死于乱军之中，魏国也由此一蹶不振。

1972年，山东临沂银雀山发掘了两座汉墓。墓中出土了大量竹简。这些竹简用早期隶书书写而成，研究人员推测，竹简写定时间在西汉文景时期到武帝初期。这批竹简中含有相当一部分先秦时期的兵书。其中最为引人注目的是《孙子兵法》和《孙膑兵法》的同时发现。据《史记》记载，孙武仕吴，孙膑仕齐，双双有兵法传世。《汉书·艺文志》中著录有《吴孙子》和《齐孙子》，即分别指孙武和孙膑所著的兵法书。然而后来只有《孙子兵法》一书传世，于是引起了无数争论。甚至有学者认为，世上本无孙武其人，《孙子兵法》是孙膑的著作。银雀山汉墓竹简的发现，终于证实孙武和孙膑都有兵书著作传世，解决了这桩千古公案。也让后人进一步认识了孙膑这位战国时期卓越的军事家的兵法思想。

影响战国政局的纵横家。在战国时期，还有一个更为神秘的人物等待破解，他就是鬼谷子。

相传，鬼谷子是老子的徒弟，身兼数家学问。他的学生除了兵家的孙膑与庞涓，还有另外一批人也在影响着整个战国的政局，他们被称为纵横家，张仪、苏秦就是其中的代表人物。

鬼谷子像

元刊本《鬼谷下山》

　　在《史记》中，苏秦和张仪师出同门，同拜鬼谷先生为师。苏秦率先发迹，而张仪并不得志。有一次，张仪去拜见同门的苏秦，希望得到苏秦的提携，却遭到了冷遇。张仪愤而赴秦，得到了苏秦手下的帮助。原来，苏秦发起六国合纵抗秦，害怕秦国攻赵，破坏了合纵，于是激张仪入秦，操持秦国权柄，阻止秦国攻赵。此后，两人一东一西，合纵连横，操纵天下局势，将七国玩于股掌之间，成为战国纵横家的典范。

　　不过1973年出土于湖南长沙马王堆汉墓的《战国纵横家书》对苏秦、张仪的记载却与《史记》大不相同。据记载，苏秦活跃在战国舞台上的时间，比张仪晚了近半个世纪，两人并没有什么交集。虽然发动过合纵攻秦，但苏秦一生政治活动的主要目的，是作为燕昭王的间谍，为其实现破齐的计划。《战国纵横家书》中就有苏秦在齐期间写给燕昭王的书信。在这些书信中，他向燕昭王说明自己的行动计划，表达自己的耿耿忠心。

春秋时期，只有楚国敢于称王，其他诸侯国仍奉周天子为宗，强大的诸侯也只敢称霸主。战国时期，各国国君再也按捺不住称王的野心。

公元前344年，魏惠王率先称王。之后，齐、秦、韩等国的国君也先后称王。公元前323年，魏、韩、赵、燕、中山五国发起"五国相王"。赵、燕、中山三国国君也不甘落后，用上了王号。周天子所独享的尊号，终于为各国普遍采用。

随着各诸侯国纷纷称王，兼并战争开始变得更加激烈，战国中期以后，围绕着怎样争取盟国和对外扩展的策略问题，游走于各国的谋士分别从合纵、连横两方面出谋划策，战国时期纵横家们在政治舞台上左右逢源，大行其道。

张仪，出身于魏公族的旁支，是连横外交策略的首创人。他最初先到楚国游说楚王，没有受到楚王的重用。直到公元前329年，张仪到秦国，推销连横策略，受到了秦惠文王的重用，当上了秦国的相国。

为了破坏齐楚联盟，公元前313年，张仪入楚游说楚怀王，如果楚国能和齐国绝交，秦国就献出商於之地六百里。商於之地是秦国进攻中原的门户之一，战略位置异常重要，楚怀王经不住诱惑，迫不及待地与齐国绝交。

但是当楚国的使者去接收献地的时候，张仪却说，他和楚怀王约定的是六里地，没有六百里之说。楚怀王闻讯大怒，起兵伐秦。这时，秦国已经做好了迎战准备。

公元前312年，楚发兵进攻秦、韩，同时，齐国联合宋国一起围攻魏国的煮枣（今山东东明东）。秦军分三路出兵反击，分

《诅楚文》拓片。北宋时期，在陕西、甘肃地区先后发现了三件刻有《诅楚文》的石刻。这是秦楚大战前，秦惠文王祭祀神祇、诅咒楚王、祈求胜利的石刻。

别由名将樗里疾、甘茂和张仪的得力助手魏章统率，而张仪总领其事。魏章在丹阳（今河南南阳西峡丹水以北地区）大败楚军，斩首八万。随后，与甘茂所率军队会合，攻取楚汉中六百里地，设置汉中郡。樗里疾所率秦军则打败了攻魏的齐军，秦军和韩、魏军队配合，迫使楚国退兵，并且攻下了楚国的上蔡（今河南上蔡西南）。公元前311年，秦攻取了楚的召陵（今河南漯河东北）。这次大战，秦国取得了楚国的汉中地，使早先已攻取的关中和巴蜀地区连成一块，排除了楚对秦本土的威胁。从此，秦国的势力伸展到中原。

中国人民解放军国防大学战略教研部教授 陈相灵

纵横家和军事家，他们之间的区别是明显的，军事家是要带兵打仗的，纵横家用的是软实力，他们借助软实力发挥了巨大的作用。但是要真正解决问题，还是要靠军事家在战场上打胜仗。

与张仪一样，苏秦是战国政治舞台上另一位出色的纵横家，他的合纵策略得到了许多诸侯国的积极响应。然而，苏秦还有一个秘密的身份，就是燕国的间谍，而且他从事的是兵法五间之一的"死间"，是用生命去向敌人传递假情报，诱使敌人上当。

苏秦从燕国来到齐国，成功游说齐湣王联合燕、韩、赵、魏合纵攻秦。不过，苏秦的真实目的却是要灭掉齐国。此时，弱小的宋国成为苏秦的重要棋子，因为宋国是列强都觊觎的土地，如果诱使齐国灭掉宋国，必然会激怒其他各国。

《史记》称苏秦"挂六国相印"，实际是夸张之辞。不过，苏秦一时名声大振，可能同时领有了燕、赵、齐三国的相位。后来，秦国在五国合纵的声势下，取消了帝号，与五国讲和，返还

清印本《六国封相》

了侵夺赵国、魏国的部分土地。

苏秦的计谋成功了。齐国在灭掉宋国之后，成为众矢之的。公元前285年，燕将乐毅率领秦、赵、韩、魏、燕五国联军攻齐，齐国形势危急。

五国伐齐的号角吹响之时，苏秦的身份也暴露了，苏秦发出最后一封密函给千里之外的燕昭王，是告别，也是了结。苏秦穷困潦倒之时在燕国受到燕昭王的礼遇，士为知己者死，消灭齐国是苏秦对燕昭王的回报。苏秦最终被齐湣王车裂而死。

乐毅率领五路联军长驱直入，攻破了齐都临淄。这场战争在齐国打了足足五年之久，先后攻下七十多座城市，只有即墨与莒还在坚守。

公元前279年，燕昭王去世，即墨守将田单抓住机会，展开反攻。田单在城里集中千余头牛，披上画有五彩龙纹的缯衣，角上绑上尖刀，尾巴上绑上浸了油脂的芦苇。到了夜里，田单命人把牛尾巴点着火，让它们狂奔，五千壮士紧随其后，杀入燕军。燕军在睡梦中惊醒，看到奇形怪状的火牛，惊慌失措，死伤惨重，燕将骑劫也丢了性命。田单乘胜追击，很快收复了七十余城，拥齐襄王即位，恢复了齐国。齐国虽然得以复国，但已元气大伤，无力与秦国抗衡了。

苏秦以生命为代价完成了他的使命，但政治局势并未如苏秦所愿，燕国没有崛起，而秦国成为七雄之中最强的国家。

日益强盛的秦国，加快了兼并六国的步伐。垂沙之战，大败楚军；伊阙之战，战胜韩、魏两国，扫平秦军东进之路；鄢郢之战,获得了楚国大片国土;华阳之战,大败赵、魏联军,攻取了魏国的多座城池和赵国的观津。

大转折——长平之战。 公元前263年,秦国不断攻占韩国的城池,又切断韩国上党郡和韩国本土的交通。韩国欲献上党向秦国求和,上党郡守冯亭不愿意投降秦国,就将上党郡十七城邑献给赵国。赵国欣然接受,派大将廉颇驻守长平。

秦国显然不会放弃。公元前262年,派王龁进攻长平。秦赵两国都倾举国之力,在长平集合了近百万大军,沿着长平城左右五十多里的山地建筑垒壁。这是一场关乎两国生死存亡的决战。

如此大规模的战役,比拼的是综合国力,后勤补给是全军的生命线,当时廉颇采用坚决防守的作战方针,不管秦兵如何挑战,只是坚守不出,秦军束手无策,就这样双方相持了三年。

但在这场战争中,秦赵之间还有一条看不见的战线。秦国成功使用了反间计,使赵孝成王认为廉颇坚守不出是怯战,于是派赵括代替廉颇为将。秦国得到消息后立即暗中起用白起为上将军。

赵括到达前线后,改变了廉颇坚守的策略,大举进攻秦军。秦国将领白起则佯装溃退,让秦军固守营垒,诱赵军深入。同时白起派兵突袭到赵军的后方,截断赵军的退路和粮道,又命骑兵部队插入赵军,将赵军主力

白起像

战国七雄 | 271

分割成两支孤立的部队。此时，赵括终于意识到，形势已经极度危险，几十万大军像困兽一样束手无策。赵括将剩余的赵军组织成四支突围部队，轮番冲击秦军壁垒，拼死突围。历史上最惨烈的战败就此上演。

到了公元前260年九月，赵军的四次突围均告失败，断粮已经四十六天的赵国军队在极度恐惧和绝望中，开始相互残杀，以人为食。绝望的赵括亲自领兵搏战，被秦军射杀。

赵军大败，四十万人降秦，白起将他们全部活埋，仅仅释放了二百四十个年幼的战俘，让他们归赵后散布秦国之威。

中国人民解放军国防大学战略教研部教授 陈相灵

战争就是战争，战争本身就有非常残酷的一面。对战争来说，最主要的因素就是军队，如果只把对方军队击垮而不消灭它，那么它明天可能还要武装起来，这样会为统一六国带来很大的困难。在这样的情况下，白起坑杀赵军四十万，通过这一战，就彻底把赵国的基本力量消灭了，赵国后来对秦国形成不了大的威胁，这是秦统一六国当中的一个转折点。秦国因为赢得了这场战争，大大缩短了统一六国的进程。

两千多年过去了，这场战争一直存在于人们的口口相传和史书记载中。司马迁的《史记》，对秦军几百年间发动的每一次战争都有记载，长平之战是《史记》中唯一一场对过程和细节都记载得比较详细的战役。但战争的具体发生地，由于时代久远，已经淹没在历史的尘埃之中。

1995年,山西高平永录村发现一处尸骨坑,出土了大量尸骨和刀币、布币等文物,专家经研究认为,这里就是长平之战时秦将白起坑杀赵军四十万降卒之处,当地政府在这里修建了长平之战纪念馆。与其他纪念馆的馆藏不同,这里只有层层叠叠的白骨。目前,在长平已经发掘出的十七个尸坑中,赵军将士的尸骨随意叠压,有的头盖骨上、胯骨上、胸腔内遗有箭头,有的四肢有明显刀砍痕迹。这些沉默的尸骨,印证了史书中对秦军野蛮残暴行径的描写,也诉说着战争的惨烈与无情。

长平之战是秦朝统一之前的最后一次大决战。之后,六国再也没有力量和秦国抗衡。历史在这里开始转折,统一的趋势越来越明显,秦国势如破竹,统一六国已经指日可待。

长平之战遗址

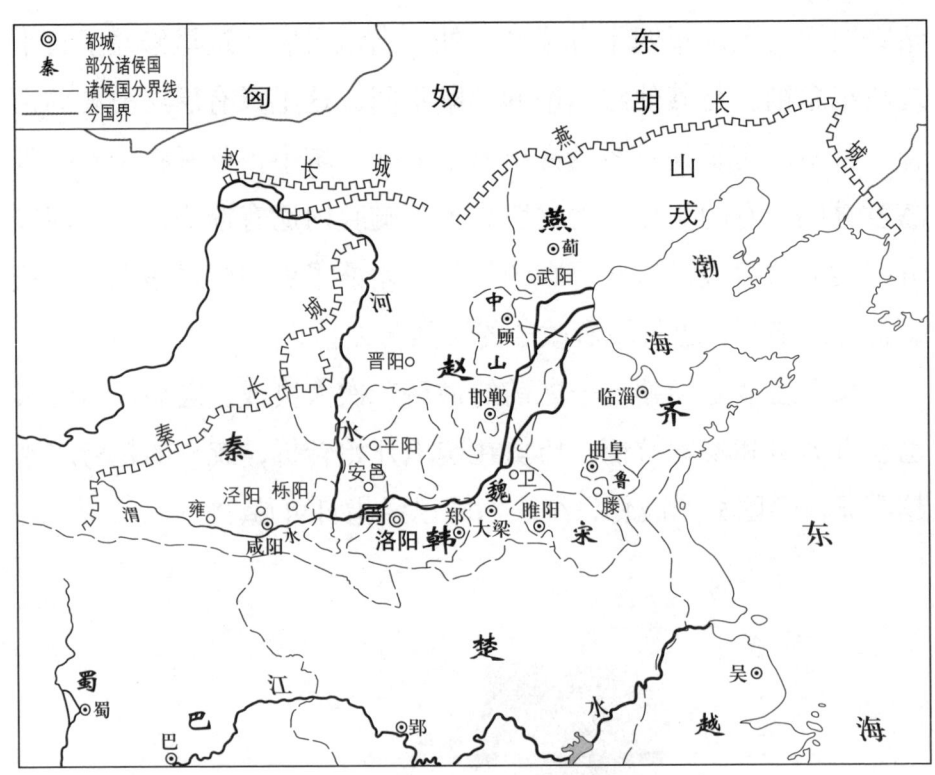

战国形势图(前350年)

诸子百家

诸子百家

  1949年，德国哲学家雅斯贝斯在其著作《历史的起源与目标》中，提出了"轴心时代"的理论。雅斯贝斯认为，公元前600至公元前300年间是人类文明的"轴心时代"。在轴心时代里，各个文明都发生了非常的文化事件，出现了伟大的精神导师，最终形成了希腊、印度、中国三大古典文化中心。这些轴心时代所产生的文化一直延续到今天，影响着人类的生活。

  雅斯贝斯所指的中国的轴心时代，就是春秋战国时期。这一时期，涌现出孔子、孟子、老子、庄子、墨子等一大批杰出的思想家。在战国时代，被称为诸子百家的各个学派、各种思想交错碰撞，相互批评排斥，又相互吸收交融，形成了为后世所称道的"百家争鸣"盛况，在中国古代思想史上写下了最为绚烂的一笔。

西汉初年，司马迁的父亲司马谈在品评战国时期的诸子时，把他们分成了阴阳、儒、墨、名、法、道德六家。西汉末年的刘歆又把他们分成儒、道、阴阳、法、名、墨、纵横、杂、农、小说十家。故所谓百家，只是一种夸张的说法。但是战国时期，学者们各执一词，相互批评又相互交融的思想碰撞的局面，用"百家争鸣"这样的词来形容，却并不夸张。

宣扬仁政主张的孟子。孟子名轲。在山东，距离曲阜五十多公里的邹城是孟子的家乡。孟子很小的时候，父亲就去世了，他是由母亲带大的。据说，为了孟子的教育，他母亲搬了三次家，最后搬到了学宫附近，看到孟子每天跟着学习礼仪，才满意地居住了下来。孟子是孔子的孙子子思的再传弟子。孟子对自己的老师不是很推崇，在《孟子》一书中，孟子没有提到过自己的老师，而是对儒家学说的创始人孔子推崇备至。孟子遗憾自己不能亲自聆听孔子的教诲，只能成为孔子的私淑弟子。他把自己看成是孔子的直接继承人。

孟子像

孟子发展了孔子关于"仁"的学说。他认为人性本来都是善的，推广自己的善心，以其所爱及其所不爱，这就是仁。他有一个著名的命题，是"民为贵，社稷次之，君为轻"。孟子希望统治者能行仁政，"老吾老以及人之老，幼吾幼以及人之幼"。孟子虽然也主张统一，但他反对争于利的兼并战争，主张实行"王道"。

和孔子一样，孟子也带着他的弟子们周游列国，宣传他的仁政主张。但和孔子困厄陈、蔡，惶惶如丧家之犬不同，孟子在各国都受到了统治者的厚待。当年，在魏国国都大梁，孟子和梁惠王的一段对话流传至今。

梁惠王说："老先生，您不远千里而来，将会给我国带来什么利益呢？"孟子却毫不客气地回答："王，为什么一定要说利益呢？只要有仁义就足够了。"对话中的魏国国君梁惠王，早已淹没于历史的尘埃当中，很少有人知道，孟子的名字却深深地印在了中国历史当中。

被后世尊崇为亚圣的孟子，第一次向一国之君阐述行仁义、施王道，后人为此专门修建游梁祠来纪念孟子。相传，游梁祠的大门前曾经书写着这样一副对联：千里而来，何必曰利，亦有仁义而已矣；百世之下，莫不兴起，况于亲炙之者乎。

梁惠王虽然多次向孟子请教，但他只想着通过战争使魏国扬威于天下，与孟子所主张的"仁政爱民、不嗜杀、省刑罚、减免赋税"等思想格格不入，孟子的仁政主张很难被统治者真正接受。孟子对梁惠王绝望了，最终离开了魏国。

在诸子百家当中，以孔子、孟子为代表的儒家，无疑是最讲究"中庸之道"的。他们不走极端，讲究仁义礼乐，追求天下和谐的秩序，怀有救济苍生的远大理想。然而在春秋战国礼崩乐坏、战争频仍的时代，孟子和孔子一样，虽然周游列国，不惮艰险以发扬儒家学说，但终究不能致用，晚年时也选择了教学著述之路。

无比璀璨的学术中心——稷下学宫。离开魏国后，孟子转赴齐国，他对齐国抱有很大的希望，尤其想尽快到达稷下学宫。

公元前387年，古希腊著名哲学家柏拉图，在雅典郊外创立了阿卡德米学园，俗称雅典学院，讲授哲学、数学、天文学、物理学、心理学、音乐理论等。雅典学院是古希腊的学术中心，汇集了当时最著名的思想家、科学家以及追随他们的众多弟子。

大约同时，在东方，在中国，也有一座这样的学术中心——稷下学宫。

和希腊的阿卡德米学园不同，稷下学宫是由官方创办的。大约在田齐太公时，齐国就设置了学宫，招揽学者到学宫讲学，兼做政治咨询。因为学宫靠齐都临淄的稷门而设，得名"稷下学宫"，到稷下讲学的学者被称为"稷下学士"。田齐政权给稷下学士以优厚的待遇，并营造了相对宽松的学术环境，让他们"不治而议论"。稷下学宫在齐宣王时期达到鼎盛，而它的学术活动,一直持续到齐王建时期,至田齐灭亡才宣告结束,存在了一百五十多年,几乎和战国田齐的历史相始终。

会聚在稷下学宫的学者,被后世统称为稷下学派。事实上,稷下学宫并不存在一个单一的学派,而是包含了儒、道、法、名、兵、农、阴阳等诸家学派。稷下学士们在学宫授徒讲学、著书立说,他们相互辩论,又相互汲取,成为战国时期百家争鸣的标志。遗憾的是,稷下学士们的著作大多失传了,传世的托名为管仲所作的《管子》,一般被认为是部分稷下学者的论文集。《管子》书中体现的学术融合、兼容并包的倾向,正是典型的齐稷下学术的特色。

稷下学宫遗址

对于稷下学宫,郭沫若曾高度评价说:"这稷下之学的设置,在中国文化史上,实在有划时代的意义……发展到能够以学术思想为自由研究的对象,这是社会的进步,不用说也就促进了学术思想的进步","周秦诸子的盛况是在这儿,形成了一个最高峰"。

到达齐国后,孟子受到很高的礼遇,他继续宣传和发扬他的"仁政"学说,提出了他的著名命题:"民为贵,社稷次之,君为轻。"

墨子像

提倡兼爱、非攻的墨子。墨子名翟。他早年学习儒术，但最终走到了儒家的对立面，对儒家的主张进行了猛烈的抨击。

墨子反对儒家倡导的礼乐，认为那是提倡奢侈之风。他主张量腹而食、度身而衣。墨子鄙视儒家有亲疏贵贱差别的爱，他主张平等博爱，认为在世之人不分亲疏贵贱，都要相亲相爱。他认为仁人之事，是要为天下兴利除害。而当今天下最大的祸害，就是大国的兼并战争。为了消除世上的争端，墨子主张选举天下的最贤者为天子，再由天子选择贤人为诸侯、卿大夫，民众在思想行为上要和这些贤人保持一致。这些就是墨子"兼爱""非攻""尚贤""尚同"的思想。

和其他学派相比，墨子和他的弟子们可能更像一个苦行僧团体。信奉墨子学说的人称为墨者，墨者一开始就是一个有组织的团体。他们的最高领袖称为钜子。钜子职位由前任传给他所认可的贤者。墨子则是墨家的第一位钜子。

秦惠王的时候，居住在秦国的墨者钜子腹䵍的儿子杀了人。秦惠王对腹䵍说："您的年纪大了，又没有别的儿子，我已经命令官吏不杀他了。"腹䵍却回答说："墨者的法令规定，杀人者死，伤人者刑。大王您虽然赐他不死，但是我不能不行墨者之法。"于是把儿子杀掉了。所以说墨者内部有严密的法律，所有的墨者都得服从钜子的命令。

在《墨子》中，《经》上下、《经说》上下、《大取》、《小取》六篇，被认为是后期墨家的著作。这六篇文章包含了认识论、对概念的定义、对物质世界的考察等内容，其中包含有墨家在算学、几何学、光学、力学等方面的认识。胡适认为，后期墨家的学说，与印度的因明学和西方的逻辑学一样，是名学史上重要的代表作之一。

墨子对自己的学说身体力行。他生活简朴，和弟子们一起吃菜羹，穿粗布短衣。为了制止兼并战争，他奔走在各国之间。

墨子国际研究中心副主任 张庆军

和儒家的文化重视哲学不同，墨家更重视实践，所以它在科技领域、军事领域成就辉煌。杨向奎先生评论墨子的科技成就时说，一部《墨经》要超过整个古希腊，至少等于整个古希腊，给予了高度的评价。墨家学派在物理学、光学、力学等诸方面所取得的成就都处于当时世界的巅峰。在军事方面，墨子讲究非攻，反对大国侵占小国，所以他研究守城，帮助小国。墨子的兵法思想是我们在军事领域的瑰宝。

墨子在军事装备上的发明创造侧重于防御，这和他"非攻"

的主张一脉相承。

战国初年，楚国要攻打宋国。墨子一个人风尘仆仆，赶了十天路，来到楚国，劝说楚王放弃攻打宋国的计划。游说楚国国君的同时，墨子和楚王请来的能工巧匠公输般进行了一场模拟攻防战。公输般组织了九次进攻，被墨子九次击败。公输般的办法用尽了，墨子的应对方法还有余。

墨子的楚国之行，是为了推行他一如既往坚持的"非攻"主张。墨子也依靠自己高超的防御术，成功化解了两国间的一场争端。

老庄。在明朝张路所绘的《老子骑牛图》中，老子坐于青牛之上，手持《道德经》卷，正抬眼注视着一只飞蝠。老子是道家的创始人，《庄子》一书中曾记载了孔子向老子问学的故事，孔子说老子像神龙一样深不可测。

相传，老子看到周道衰败，骑着一头青牛西出函谷关。西汉刘向《列仙传》这样写道："老子西游，关令尹喜望见有紫气浮关，而老子果乘青牛而过也。"老子骑牛，紫气东来，这是后人为老子附会的神仙一般的描述。而且，画里老子的坐骑不是马，而是牛，据说也有特指：马所代表的乾卦所生发的"天行健，君子以自强不息"的精神，合乎孜孜不倦地入世进取的儒家的特点；而牛所代表的坤卦所生发的"地势坤，君子以厚德载物"的精神，则合乎道家创始人老子的思想主旨。

相传，西出函谷关的老子被关令尹喜拦住，非要他写点什么才肯放行。结果是老子留下了一篇五千字的文章出关而去。这篇文章就是《老子》，又称《道德经》。司马迁在《史记》中记载了三位老子，他们时代不同，国籍不同。可见司马迁时已经搞不清，到底哪一个是道家学派的创始人老子。

20世纪30年代，学术上的疑古思潮盛行，老子的存在受到了很多人的怀疑，《老子》一书也被盖上了许多晚出的标记，引起了学者的质疑。道家的创始人老子究竟是否确有其人？问题的解答需要一个强有力的证据。这个证据就是出土于湖北荆门，时代在战国中期的郭店楚简《老子》的发现。

明人绘《老子骑牛图》

湖北省博物院党委书记 万全文

老子肯定是存在的，文献也有记载。在先秦的诸子百家当中，老子、孔子应该是最具代表性的两大人物。1993年在湖北荆门发现了一批郭店楚简，当时是发现了八百多支简，其中有字简只有七百三十支。这批简的内容非常丰富，最重要的有《老子》甲乙丙，总共是两千多字。我们说老子最具代表性的著作是《道德经》，《道德经》有五千多言，出土的《老子》甲乙丙只有两千多字，相当于《道德经》的五分之二左右。从内容来讲，《道德经》有的内容它这里面都有，没有超出《道德经》的范围，两个版本的基本内容是一致的。

老庄像

《老子》历来被视为难读之书,这很大程度上是因为书中提出了一个非常抽象的概念"道"。这是一个生成万物、又不能够明明白白说清楚的"道",所谓"道可道,非常道,名可名,非常名","道生一,一生二,二生三,三生万物","天地万物生于有,有生于无"。道的本质是"无为而无不为"。为此,老子主张顺应自然之势,放弃争斗,回归自然。"道法自然"是道家学者共同的理论基础,庄子将这种思想发扬得更加绮丽多彩。

庄子与老子齐名,世称"老庄"。庄子名周,是孟子同时代的人。与孟子的积极入世相比,庄子的思想完全是出世的。他是道家思想的代表人物。

庄周在梦中变成了一只蝴蝶，翩翩飞翔，自由自在。一梦醒来，发现自己还是庄周。庄周于是迷惑了：到底是庄周做梦变成了蝴蝶，还是蝴蝶做梦变成了庄周？这是《庄子·齐物论》中的一个小故事。

生活在战国末期的庄子，深深地体会到社会的动荡以及个人在现实面前的无能为力，于是他主张追求精神自由。而在现实生活中，则要讲究"无用之用"，随波逐流，才能保全自己，体现了一个学者在乱世的无奈。

庄子认为道充斥在天地之间，大到天地，小到粪便尘土，其中都蕴涵着道。事物的性质都是相对的，不存在一个客观的、共同的标准，愈要去认识它，可能愈会被聪明误。他主张忘掉一切客观事物，甚至忘却自己形体的存在。他认为，只要摒除聪明智慧、去掉任何认识活动，就能达到与天地万物浑然一体的精神境界，从而获得绝对的精神自由。庄子的主要思想都保存在《庄子》一书中。《庄子》一书，文字绮丽、想象奇妙、汪洋恣肆，是中国思想史和文学史上的瑰宝。

有一天，庄子和朋友惠施一同到濠水游玩。庄子看着水中自由游动的鱼，感叹说："这些鱼游得悠闲自在，一定非常快乐。"

惠施像

惠施说:"你不是鱼,怎么知道鱼快乐呢?"庄子说:"你不是我,怎么知道我不知道鱼的快乐?"惠施说:"我不是你,所以不知道你的感受。你不是鱼,自然也不知道鱼的快乐。"庄子说:"现在我们回到最初的问题。你问我:'你怎么知道鱼的快乐?'是已经知道我知道鱼的快乐,才问我是怎么知道的。我是在濠水之上知道的。"

这就是两千多年前,发生在濠水之上的那次著名的辩论。

庄子困于现实,羡慕鱼的自由自在,有感而发。在感悟上,庄子显然十分超脱。但是在辩论上,他却输了,因为他的对手是名家辩论高手惠施。

名家的代表人物——惠施与公孙龙。惠施是战国时期著名的政治家和思想家,他也是名家的代表人物。惠施是宋国人,曾做过魏国的相国。当纵横家张仪开展连横行动时,惠施也在推动合纵抗秦之策。但在对抗中,惠施占了下风。他曾在张仪的逼迫下,改装易行,仓皇逃出魏国。

不过,在学问上,惠施远胜张仪,留下了自己的名声。惠施知识渊博,庄子说他写的书有五车之多。有一个叫黄缭的人,问惠施天不会掉下来、地不会陷进去,以及风雨雷霆发生的原因,惠施想也不想,脱口而应。惠施是如何回答的,史书没有记载,我们自然也不得而知。更为遗憾的是,惠施的著作已经亡逸了,只在《庄子》一书中保留了他的十个命题：至大无外，谓之大一，至小无内，谓之小一；无厚不可积也，其大千里；天与地卑，山与泽平；日方中方睨，物方生方死；大同而与小同异，此之谓小同异，万物毕同毕异，此之谓大同异；南方无穷而有穷；今日适越而昔来；连环可解也；我知天下之中央，燕之北，越之南是也；泛爱万物，天地一体也。

中国社会科学院历史研究所副编审 邵蓓

这十个命题的中心思想是事物的特点是相对的，没有绝对的差别。归结到一点就是"泛爱万物，天地一体"。这些看似奇怪的命题，包含着惠施对自然界的思考。例如，他说"至大无外，谓之大一；至小无内，谓之小一"，"大一"是说整个空间大到无所不包，不再有外部；"小一"是说物质最小的单位，小到不可再分割，不再有内部。这个命题里含有朴素的原子理论。

战国时期，包括惠施在内，有这样一些学者，他们积极探讨名实问题，长于辩论，提出了一些奇怪的命题，如"卵有毛""犬可以为羊""火不热"等，然而，这些看似荒诞不经的说法，实则包含了朴素的逻辑和辨证思想，在中国古代思想史上，可谓前无古人，后无来者。这些辩者，被后人称为名家，其代表人物除了宋国的惠施之外，还有后期的墨家和赵国的公孙龙。

公孙龙与惠施同样好辩。当时，赵国的马匹流行疫病，为了防止这种瘟疫传入秦国，秦国在函谷关口贴出告示："凡赵国的

公孙龙像

马不能入关。"这天,赵国的公孙龙骑着白马来到函谷关前,要入关。关吏说:"你可以入关,但是你的马不能入关。"公孙龙说:"我骑的白马不是马,怎么不可以过关呢?"关吏说:"白马也是马。"公孙龙问:"我公孙龙是龙吗?"关吏愣住了。公孙龙说:"'白'是指颜色而言,'马'是指名称。名称和颜色不是一回事。譬如说要马,给黄马、黑马都可以,但是如果要白马,给黑马、黄马就不可以了,这说明'白马'和'马'不是一回事。所以说白马不是马。"关吏被公孙龙的高谈阔论搅得晕头转向,居然放他的马过关了。

这个故事的真实性还有待考察,但是"白马非马"确实是使公孙龙名声大振的命题。公孙龙的理论力图把物体的概念和物体本身区分开来,其中包含了逻辑学方面的探索,可他过于强调概念的存在,使自己陷入了诡辩。

邹衍与阴阳五行。战国的稷下学士中,还有一位宣扬阴阳五行、五德终始学说的学者邹衍。

邹衍在稷下学宫学习的时候,曾先学儒术,后"睹有国者益淫侈,不能尚德……乃深观阴阳消息而作怪迂之变"。邹衍的学说看似迷信,但他观察世界的视野以及广博的知识,却令世人震惊。邹衍喜欢谈天事,被称为"谈天衍"。他创立了影响中国两千多年的金、木、水、火、土五德相生相克的理论,后来被作为王朝更迭的理论依据。尤其令人惊奇的是，邹衍在总结前人对地理知识认知的基础上，加以推理想象，提出了惊世骇俗的假说——大九州说。

邹衍认为，中国叫赤县神州，在中国之外，还有八个像赤县神州一样大的州，合成一个大州，而这样的大州又有九个，周围有大瀛海环绕。中国只是整个大九州中的八十一分之一。邹衍的大九州说体现了战国时期的学者对世界的思考。

儒家的集大成者——荀子。随着时代的变迁和社会背景的不同，在百家争鸣的同时，各家学派自身也在发展变化。尤其是儒家，在社会伦理更加恶化、世人只知争斗的战国晚期，儒学也呈现出异样的色彩。

自汉代开始，在祭祀孔子的时候，开始有其他的儒家人物陪祀。这些陪祀的儒者，都是后人认可的历朝历代的儒家代表人物。他们中间有孔子知名的七十二弟子，有战国的孟子、汉代的董仲舒、南宋的朱熹等人。这些陪祀者数量最为庞大的时候有一百五十多人。他们或者和孔子同处大成殿，或者列于大成殿东西厢房之中，一起享受后人的朝拜。

然而，当人们把最繁盛的香火供奉给万世师表的孔子以及诸多儒家大贤的时候，更多的人却没有注意到，可以比肩亚圣孟子的大儒荀子，却不在其中。

荀子曾经三次担任稷下学宫的学宫长，是战国时期最著名的学者，也是儒家

荀子像

的集大成者。然而，荀子没有出现在孔庙配享的塑像群中，并不是人们的疏忽，而是他的主张在强调仁、义、礼、智、信的儒家中，显得非常另类，长久没有得到认可。

荀子名况，是战国末期赵国人。荀子出身法家人物辈出的三晋，却心向儒学。也正是因为出身三晋，荀子的儒学有了不同寻常的法治的色彩，他也更看到了人心之恶。

和孟子提出性善论、讲究仁爱不同，荀子提出了性恶说。他认为趋利避害、追求享乐是人的天性，只有通过后天的努力，才能够使人向善。正因为如此，所以需要礼义来教导民众，需要法令来制约民众。

荀子认为，人类不如禽兽有气力，却能胜过禽兽，是因为人能够通过礼法来分清职责，相互合作。所以礼法是统治的要义，统治者要隆礼重法，以外在的法规来规范人民。荀子一改儒家是古非今、缅怀上古的做法，针对儒家"法先王"的主张，提出"法后王"。这使他的思想带有了因时变革、与时俱进的特点。虽然荀子不能入孔庙配享孔子，但他的思想却融入中国古代的统治术中。梁启超说："自秦汉以后，政治学术皆出于荀子。"

事实上，荀子的性恶论只是他不能配享孔庙的原因之一，另外一个原因是，荀子教出的学生，数千年来一直被儒家所诟病。

反对思想自由的法家——韩非子。荀子有两个非常有名的弟子，他们声名显赫，改变了中国历史的面貌，他们为此后的王朝提供了一套儒表法里、霸王道杂之的统驭之术。他们是韩非和李斯。韩非，出身于韩国的贵族。和老师荀子一样，他的学说也融合了诸家之长。不过，韩非子抛弃了荀子倡导的礼义，转而宣扬法治，成为先秦法家的集大成者。

李斯像

韩非子认为，没有法令，即使是尧、舜这样的圣贤之君，也不能治理好国家；而若有法令的约束，即使是桀、纣那样的暴君，也不会把国家扰乱到难以收拾的地步。而且像尧、舜那样的圣君百年难遇，像桀、纣那样的暴君也是世所罕见，大部分国君都是中人之资。一个中等的国君守着法来治理国家，就好比一个笨拙的工匠守着规矩尺寸来做工，怎么也是大差不差的。

战国时代的法术之士，可以分为法、术、势三家。任法的一派以商鞅为代表，讲究法律条文的制定和执行；用术的一派以申不害为代表，讲究驾驭官吏的手段；重势的一派以稷下学者慎到为代表，讲究保持和运用国君的权势地位。韩非主张三者结合使用，提倡君主的极端专制，剪除私门势力，选拔法术之士，以法为教，以吏为师，禁止私学，厉行赏罚，奖励耕战，谋求国家富强。

韩非为人口吃，不善言谈，但是他的文字熠熠生辉，很有感染力，尤其是他主张的改变治国不务法制、养非所用、用非所养的思想，影响很大。他的著作传到秦国，很受秦王政的青睐。秦王政说，我如果能够见到这个人，和他交游，死而无憾。公元前

韩非像

234年,韩非受韩王安的委托,出使秦国,劝秦王政暂缓伐韩,以保全韩国。然而,韩非的同学李斯知道他才华卓越,十分害怕秦王政重用韩非,威胁到自己的地位,于是在秦王政的面前说韩非的坏话。次年,在李斯的迫害下,韩非被迫服毒自杀,他的学说却被秦王政全面接受。

战国法家反对思想自由,但是法家本身却是百家争鸣的产物,其对自然、人性、政治、社会等做了深入的思考,提出了有价值的理论观点。而且,更为重要的是,在那个特定的历史阶段,法家正在让辩论中的学术思想逐渐成为一种在当时看来行之有效的治国之术,当然,它也为随后的统治者提供了可供反思的借鉴。

这些异彩纷呈的学说,这些智慧的碰撞,使得战国时期的学术思想和后代相比,更具创造性和想象力。不过,正如汉代的司马谈指出的,战国时期的思想家都是从现实需要出发提出自己的理论主张的。他们治学的出发点是为统治者出谋划策,他们游历列国,也是希望得到统治者的赏识和重用。汉以后,学术为统治阶级服务的倾向更为明显,对学问的纯学理性的探索则逐渐减少。

夏商周纪年表

（一）夏王朝年表

朝代	王	年代（公元前）
夏	禹	2070—1600
	启	
	太康	
	仲康	
	相	
	少康	
	予	
	槐	
	芒	
	泄	
	不降	
	扃	
	廑	
	孔甲	
	皋	
	发	
	癸（桀）	

（二）商王朝年表

朝代	王	年代（公元前）
商前期	汤	1600—1300
	太丁	
	外丙	
	中壬	
	太甲	
	沃丁	
	太庚	
	小甲	
	雍己	
	太戊	
	中丁	
	外壬	
	河亶甲	
	祖乙	
	祖辛	
	沃甲	
	祖丁	
	南庚	
	阳甲	
	盘庚（迁殷前）	
商后期	盘庚（迁殷后）	1300—1251
	小辛	
	小乙	
	武丁	1250—1192
	祖庚	1191—1148
	祖甲	
	廪辛	
	康丁	

续表

朝代	王	年代（公元前）
商后期	武乙	1147—1113
	文丁	1112—1102
	帝乙	1101—1076
	帝辛（纣）	1075—1046

（三）西周王室与诸侯纪年表

西周王室纪元	诸侯纪元	公元纪年
武王姬发		
成王诵		
康王钊		
昭王瑕		
穆王满		
共王繄扈		
懿王囏		
孝王辟方		
夷王燮		
厉王胡		
共和行政元年		前841
共和行政二年	晋釐侯元年	前840
共和行政五年	楚熊严元年	前837
	蔡夷侯元年	
共和行政八年	曹幽伯疆元年	前834
共和行政十一年	陈釐公孝元年	前831
共和行政十二年	宋惠公意觍元年	前830
宣王静元年	楚熊霜元年	前827
宣王静二年	燕釐侯庄元年	前826
宣王静三年	鲁武公敖元年	前825
	曹戴伯苏元年	

夏商周纪年表 | 295

续表

西周王室纪元	诸侯纪元	公元纪年
宣王静四年	齐厉公无忌元年	前824
宣王静六年	晋献侯籍元年	前822
宣王静七年	秦庄公元年	前821
	楚熊徇元年	
宣王静十三年	鲁懿公戏元年	前815
	齐文公赤元年	
宣王静十六年	卫武公和元年	前812
宣王静十七年	晋穆侯弗生元年	前811
宣王静十九年	蔡釐侯所事元年	前809
宣王静二十二年	鲁君伯御元年	前806
	郑桓公友元年	
宣王静二十五年	齐成公说元年	前803
宣王静二十八年	宋哀公元年	前800
宣王静二十九年	宋戴公立元年	前799
	楚熊鄂元年	
宣王静三十二年	鲁孝公称元年	前796
宣王静三十三年	陈武公灵元年	前795
	曹惠公伯雉元年	
宣王静三十四年	齐庄公赎元年	前794
宣王静三十八年	楚若敖（熊仪）元年	前790
	燕顷侯元年	
宣王静四十四年	晋殇叔元年	前784
幽王宫涅元年		前781
幽王宫涅二年	晋文侯仇元年	前780
	陈夷公说元年	
幽王宫涅五年	秦襄公元年	前777
	陈平公燮元年	

（四）东周王室与诸侯纪年表

东周王室纪元	诸侯纪元	公元纪年
春秋时期		
平王宜臼元年	郑武公滑突元年	前 770
平王宜臼三年	鲁惠公弗湟元年	前 768
平王宜臼五年	燕哀侯元年	前 766
平王宜臼六年	秦文公元年	前 765
	宋武公司空元年	
平王宜臼七年	燕郑侯元年	前 764
平王宜臼八年	楚霄敖（熊坎）元年	前 763
平王宜臼十年	蔡共侯兴元年	前 761
平王宜臼十二年	蔡戴侯元年	前 759
	曹穆公元年	
平王宜臼十四年	楚蚡冒元年	前 757
	卫庄公杨元年	
平王宜臼十五年	曹桓公终生元年	前 756
平王宜臼十七年	陈文公圉元年	前 754
平王宜臼二十二年	蔡宣侯措父元年	前 749
平王宜臼二十四年	宋宣公力元年	前 747
平王宜臼二十六年	晋昭侯伯元年	前 745
平王宜臼二十七年	陈桓公鲍元年	前 744
平王宜臼二十八年	郑庄公寤生元年	前 743
平王宜臼三十一年	楚武王熊通元年	前 740
平王宜臼三十二年	晋孝侯平元年	前 739
平王宜臼三十七年	卫桓公完元年	前 734
平王宜臼四十一年	齐釐公禄父元年	前 730
平王宜臼四十三年	宋穆公和元年	前 728
	燕穆侯元年	
平王宜臼四十八年	晋鄂侯郄元年	前 723
平王宜臼四十九年	鲁隐公息姑元年	前 722

续表

东周王室纪元	诸侯纪元	公元纪年
桓王林元年	宋殇公与夷元年	前719
桓王林二年	卫宣公晋元年	前718
桓王林三年	晋哀侯光元年	前717
桓王林五年	秦宁公元年	前715
桓王林六年	蔡桓侯封人元年	前714
桓王林九年	鲁桓公允元年	前711
桓王林十年	宋庄公冯元年	前710
	燕宣侯元年	
桓王林十一年	晋小子元年	前709
桓王林十四年	晋侯湣元年	前706
	陈厉公元年	
桓王林十七年	秦出公元年	前703
桓王林十九年	曹庄公射姑元年	前701
桓王林二十年	郑厉公突元年	前700
桓王林二十一年	卫惠公朔元年	前699
	陈庄公林元年	
桓王林二十三年	齐襄公诸儿元年	前697
	秦武公元年	
	燕桓侯元年	
庄王佗元年	卫君黔牟元年	前696
	郑昭公忽元年	
庄王佗三年	蔡哀侯献舞元年	前694
	郑君子亹元年	
庄王佗四年	鲁庄公同元年	前693
	郑君子婴元年	
庄王佗五年	陈宣公杵臼元年	前692
庄王佗六年	宋湣公捷元年	前691
庄王佗七年	燕庄公元年	前690

续表

东周王室纪元	诸侯纪元	公元纪年
庄王佗八年	楚文王赀元年	前689
庄王佗十二年	齐桓公小白元年	前685
釐王胡齐元年	宋桓公御说元年	前681
釐王胡齐三年	郑厉公突（复立）元年	前679
釐王胡齐五年	秦德公元年	前677
惠王阆元年	晋献公诡诸元年	前676
	楚堵敖囏元年	
惠王阆二年	秦宣公元年	前675
惠王阆三年	蔡穆侯肸元年	前674
惠王阆五年	郑文公捷元年	前672
惠王阆六年	楚成王恽元年	前671
惠王阆七年	曹釐公夷元年	前670
惠王阆九年	卫懿公赤元年	前668
惠王阆十四年	秦成公元年	前663
惠王阆十六年	曹昭公元年	前661
	鲁湣公启元年	
惠王阆十七年	卫戴公申元年	前660
惠王阆十八年	鲁釐公申元年	前659
	秦穆公任好元年	
	卫文公燬元年	
惠王阆二十年	燕襄公元年	前657
惠王阆二十五年	曹共公元年	前652
襄王郑元年		前651
襄王郑二年	晋惠公夷吾元年	前650
	宋襄公兹父元年	
襄王郑五年	陈穆公款元年	前647
襄王郑七年	蔡庄公甲午元年	前645
襄王郑十年	齐孝公昭元年	前642
	曹怀公圉元年	

续表

东周王室纪元	诸侯纪元	公元纪年
襄王郑十六年	晋文公重耳元年	前636
	宋成公王臣元年	
襄王郑十八年	卫成公郑元年	前634
襄王郑二十年	齐昭公潘元年	前632
襄王郑二十一年	陈共公朔元年	前631
襄王郑二十五年	晋襄公骥元年	前627
	郑穆公兰元年	
襄王郑二十六年	鲁文公兴元年	前626
襄王郑二十七年	楚穆王商臣元年	前625
襄王郑三十二年	晋灵公夷皋元年	前620
	秦康公䓨元年	
襄王郑三十三年	宋昭公杵臼元年	前619
顷王壬臣元年		前618
顷王壬臣二年	曹文公寿元年	前617
	燕桓公元年	
顷王壬臣六年	楚庄王侣元年	前613
	陈灵公平国元年	
匡王班元年	齐懿公商人元年	前612
匡王班二年	蔡文公申元年	前611
匡王班三年	宋文公鲍元年	前610
匡王班五年	鲁宣公元年	前608
	齐惠公元年	
	秦共公猳元年	
定王瑜元年	晋成公黑臀元年	前606
定王瑜二年	郑灵公夷元年	前605
定王瑜三年	郑襄公坚元年	前604
定王瑜四年	秦桓公元年	前603
定王瑜六年	燕宣公元年	前601

续表

东周王室纪元	诸侯纪元	公元纪年
定王瑜八年	晋景公据元年	前599
	卫穆公邀元年	
定王瑜九年	齐顷公无野元年	前598
	陈成公午元年	
定王瑜十三年	曹宣公疆元年	前594
定王瑜十六年	蔡景公固元年	前591
定王瑜十七年	鲁成公黑肱元年	前590
	楚共王審元年	
定王瑜十九年	宋共公瑕元年	前588
	卫定公臧元年	
定王瑜二十一年	郑悼公费元年	前586
	燕昭公元年	
简王夷元年	吴王寿梦元年	前585
简王夷二年	郑成公睔元年	前584
简王夷五年	齐灵公环元年	前581
简王夷六年	晋厉公寿曼元年	前580
简王夷九年	曹成公负刍元年	前577
简王夷十年	秦景公元年	前576
	卫献公衎元年	
简王夷十一年	宋平公成元年	前575
简王夷十三年	燕武公元年	前573
简王夷十四年	鲁襄公午元年	前572
	晋悼公元年	
灵王泄心元年		前571
灵王泄心二年	郑釐公恽元年	前570
灵王泄心四年	陈哀公弱元年	前568
灵王泄心七年	郑简公嘉元年	前565
灵王泄心十二年	吴王诸樊元年	前560

续表

东周王室纪元	诸侯纪元	公元纪年
灵王泄心十三年	楚康王招元年	前559
灵王泄心十四年	卫殇公元年	前558
灵王泄心十五年	晋平公彪元年	前557
灵王泄心十八年	曹武公胜元年	前554
	燕文公元年	
灵王泄心十九年	齐庄公光元年	前553
灵王泄心二十四年	燕懿公元年	前548
灵王泄心二十五年	齐景公杵臼元年	前547
	吴王馀祭元年	
灵王泄心二十六年	卫献公衎复元年	前546
景王贵元年	楚郏敖员元年	前544
景王贵二年	卫襄公恶元年	前543
景王贵三年	蔡灵侯班元年	前542
景王贵四年	鲁昭公稠元年	前541
景王贵五年	楚灵王围元年	前540
景王贵九年	秦哀公元年	前536
景王贵十年	燕悼公元年	前535
景王贵十一年	卫灵公元年	前534
景王贵十二年	陈惠公吴元年	前533
景王贵十四年	晋昭公夷元年	前531
	宋元公佐元年	
景王贵十五年	蔡平侯庐元年	前530
	吴王馀眛元年	
景王贵十六年	郑定公宁元年	前529
景王贵十七年	楚平王居元年	前528
	燕共公元年	
景王贵十八年	曹平公须元年	前527
景王贵十九年	吴王僚元年	前526

续表

东周王室纪元	诸侯纪元	公元纪年
景王贵二十年	晋顷公弃疾元年	前 525
景王贵二十二年	曹悼公午元年	前 523
	燕平公元年	
景王贵二十四年	蔡悼侯东国元年	前 521
悼王猛元年		前 520
敬王匄元年		前 519
敬王匄二年	蔡昭侯申元年	前 518
敬王匄四年	宋景公头曼元年	前 516
敬王匄五年	楚昭王珍元年	前 515
敬王匄六年	曹襄公元年	前 514
	吴王阖闾元年	
敬王匄七年	郑献公虿元年	前 513
敬王匄九年	晋定公午元年	前 511
敬王匄十年	越王允常元年	前 510
敬王匄十一年	鲁定公宋元年	前 509
	曹隐公元年	
敬王匄十五年	陈怀公柳元年	前 505
	曹靖公露元年	
敬王匄十六年	燕简公元年	前 504
敬王匄十九年	陈湣公越元年	前 501
	曹伯阳元年	
敬王匄二十年	秦惠公元年	前 500
	郑声公胜元年	
敬王匄二十四年	越王勾践元年	前 496
敬王匄二十五年	吴王夫差元年	前 495
敬王匄二十六年	鲁哀公将元年	前 494
敬王匄二十八年	卫出公辄元年	前 492
	燕献公元年	

续表

东周王室纪元	诸侯纪元	公元纪年
敬王匄三十年	秦悼公元年	前490
	蔡成公朔元年	
敬王匄三十一年	齐晏孺子荼元年	前489
敬王匄三十二年	齐悼公阳生元年	前488
	楚惠王章元年	
敬王匄三十六年	齐简公壬元年	前484
敬王匄四十年	齐平公骜元年	前480
	卫庄公蒯聩元年	
敬王匄四十三年	卫君起元年	前477
战国时期		
元王仁（赤）元年		前475
贞定王介元年	宋昭公得元年	前468
贞定王介三年	鲁悼公宁元年	前466
贞定王介五年	燕孝公元年	前464
	越王鹿郢元年	
贞定王介七年	郑哀公易元年	前462
贞定王介十一年	越王不寿元年	前458
贞定王介十二年	赵襄子无恤元年	前457
贞定王介十三年	蔡元侯元年	前456
贞定王介十四年	卫悼公黔元年	前455
	齐宣公积元年	
贞定王介十五年	郑共公丑元年	前454
	燕成公载元年	
贞定王介十七年	宋君启元年	前452
贞定王介十八年	晋哀公元年	前451
贞定王介十九年	卫敬公弗元年	前450
	蔡侯齐元年	
	宋昭公特（得）元年	

续表

东周王室纪元	诸侯纪元	公元纪年
贞定王介二十一年	越王州句元年	前448
贞定王介二十四年	魏文侯斯元年	前445
贞定王介二十七年	秦躁公元年	前442
哀王去疾元年		前441
思王叔元年		
考王嵬元年		前440
考王嵬八年	晋幽公柳元年	前433
考王嵬十年	卫昭公纠元年	前431
	楚简王仲元年	
考王嵬十三年	秦怀公元年	前428
	鲁元公嘉元年	
威烈王午元年	卫怀公亶元年	前425
威烈王午二年	秦灵公元年	前424
	赵桓子嘉元年	
	韩武子启章元年	
威烈王午三年	赵献侯浣元年	前423
	郑幽公已元年	
威烈王午四年	郑繻公骀元年	前422
威烈王午十一年	晋烈公止元年	前415
威烈王午十二年	秦简公悼子元年	前414
	卫慎公颓元年	
威烈王午十五年	越王翳元年	前411
威烈王午十八年	韩景侯虔元年	前408
	赵烈侯籍元年	
威烈王午十九年	鲁穆公显元年	前407
	楚声王当元年	
威烈王午二十二年	齐康公贷元年	前404
	田齐太公和元年	

续表

东周王室纪元	诸侯纪元	公元纪年
威烈王午二十三年	宋悼公购由元年	前403
威烈王午二十四年	燕釐公庄元年	前402
安王骄元年	楚悼王类元年	前401
安王骄三年	韩烈侯取元年	前399
	秦惠公元年	
安王骄七年	魏武侯击元年	前395
	郑康公乙元年	
	宋休公田元年	
安王骄十四年	晋桓公元年	前388
安王骄十六年	赵敬侯章元年	前386
	韩文侯元年	
	秦出子元年	
安王骄十八年	秦献公师隰元年	前384
安王骄十九年	田齐废公剡元年	前383
安王骄二十二年	楚肃王臧元年	前380
安王骄二十五年	晋静公俱酒元年	前377
安王骄二十六年	韩哀侯元年	前376
	鲁共公奋元年	
	越王诸咎元年	
烈王喜元年	越王错枝元年	前375
烈王喜二年	韩懿侯元年	前374
	赵成侯元年	
	田齐桓公午元年	
	越王无余元年	
烈王喜四年	燕桓公元年	前372
	卫声公训元年	
	宋辟公辟兵元年	

续表

东周王室纪元	诸侯纪元	公元纪年
烈王喜七年	魏惠王䓨元年	前369
	楚宣王元年	
	宋君剔成元年	
显王扁元年		前368
显王扁七年	韩昭侯武元年	前362
	越王无颛元年	
显王扁八年	燕文公元年	前361
	秦孝公渠梁元年	
	卫成侯遬元年	
显王扁十三年	田齐威王因齐元年	前356
显王扁十七年	鲁康公屯元年	前352
显王扁二十年	赵肃侯语元年	前349
显王扁二十六年	鲁景公匽元年	前343
显王扁三十年	楚威王熊商元年	前339
显王扁三十二年	秦惠文王驷元年	前337
显王扁三十五年	魏惠王䓨后元元年	前334
显王扁三十七年	韩宣惠王元年	前332
	燕易王元年	
	卫平侯元年	
显王扁四十一年	楚怀王槐元年	前328
	宋康王偃元年	
显王扁四十四年	赵武灵王雍元年	前325
显王扁四十五年	秦惠文王驷后元元年	前324
	卫嗣君元年	
慎靓王定元年	燕王哙元年	前320
慎靓王定二年	田齐宣王辟彊元年	前319
慎靓王定三年	魏襄王嗣元年	前318
赧王延元年	鲁平公叔元年	前314

夏商周纪年表 | 307

续表

东周王室纪元	诸侯纪元	公元纪年
赧王延四年	韩襄王仓元年	前311
	燕昭王职元年	
赧王延五年	秦武王荡元年	前310
赧王延九年	秦昭襄王元年	前306
赧王延十五年	田齐湣王地元年	前300
赧王延十七年	赵惠文王元年	前298
	楚顷襄王元年	
赧王延二十年	韩釐王咎元年	前295
	魏昭王遫元年	
	鲁文公贾元年	
赧王延三十二年	田齐襄王法章元年	前283
赧王延三十三年	卫怀君元年	前282
赧王延三十七年	燕惠王元年	前278
赧王延三十九年	魏安釐王圉元年	前276
赧王延四十三年	韩桓惠王元年	前272
	鲁顷公雠元年	
赧王延四十四年	燕武成王元年	前271
赧王延五十年	赵孝成王元年	前265
赧王延五十一年	田齐废王建元年	前264
赧王延五十三年	楚考烈王元年	前262
赧王延五十八年	燕孝王元年	前257
赧王延五十九年		前256
	燕王喜元年	前254
	卫元君元年	前252
	秦孝文王柱元年	前250
	秦庄襄王子楚元年	前249
	秦王政元年	前246
	赵悼襄王偃元年	前244

续表

东周王室纪元	诸侯纪元	公元纪年
	魏景湣王增元年	前 242
	韩王安元年	前 238
	楚幽王悼元年	前 237
	赵幽缪王迁元年	前 235
	卫君角元年	前 229
	楚哀王郝元年	前 228
	楚王负刍元年	前 227
	魏王假元年	
	代（赵）王嘉元年	